Recettes de Jean-Louis Thémis

DES INSECTES
À CROQUER

Rédaction: Monique Laforge

DE L'INSECTARIUM DE MONTRÉAL:
Recherche: Marjolaine Giroux et Stéphane Le Tirant
Révision: Sonya Charest, Marjolaine Giroux, Stéphane Le Tirant et Sylvie Tousignant
Illustrations: Pierre Veilleux

Données de catalogage avant publication (Canada)
Thémis, Jean-Louis
Des insectes à croquer: guide de découvertes
1. Insectes comestibles. 2. Cuisine (Insectes). I. Insectarium de Montréal. II. Titre.
TX388.15T43   1997   641.3'96   C96-941525-7

DISTRIBUTEURS EXCLUSIFS:

* Pour le Canada et les États-Unis:
LES MESSAGERIES ADP*
955, rue Amherst,
Montréal H2L 3K4
Tél.: (514) 523-1182
Télécopieur: (514) 939-0406
* Filiale de Sogides ltée

* Pour la Belgique et le Luxembourg:
PRESSES DE BELGIQUE S.A.
Boulevard de l'Europe 117
B-1301 Wavre
Tél.: (10) 41-59-66
       (10) 41-78-50
Télécopieur: (10) 41-20-24

* Pour la Suisse:
TRANSAT S.A.
Route des Jeunes, 4 Ter
C.P. 125,1211 Genève 26
Tél.: (41-22) 342-77-40
Télécopieur: (41-22) 343-46-46

* Pour la France et les autres pays:
INTER FORUM
Immeuble PARYSEINE,
3 Allée de la Seine, 94854 Ivry Cedex
Tél.: 01 49 59 11 89/91
Télécopieur: 01 49 59 11 96
Commandes: Tél.: 02 38 32 71 00
                Télécopieur: 02 38 32 71 28

Dépôt légal: 1er trimestre 1997
Bibliothèque nationale du Québec

ISBN 2-7619-1381-7

L'INSECTARIUM DE MONTRÉAL

Recettes de Jean-Louis Thémis

DES INSECTES

À CROQUER

Guide de découvertes

LES ÉDITIONS DE L'HOMME

Le présent ouvrage a été réalisé grâce à la détermination et à la motivation des membres du personnel de l'Insectarium de Montréal. À chacun, et à toutes les personnes qui ont collaboré de près ou de loin à ce travail, un grand merci.

Nous voudrions également témoigner notre reconnaissance à Lucie, l'épouse de Jean-Louis, qui a accepté la présence des insectes dans son réfrigérateur, à Nina, leur fille, qui a eu le courage de goûter, ainsi qu'à Michel Renaud, professeur à l'Institut de tourisme et d'hôtellerie du Québec, pour avoir relu les recettes.

Enfin, nous ne pouvons passer sous silence le rôle essentiel joué par les 100 000 visiteurs de l'Insectarium qui, depuis 1993, ont participé aux dégustations et ont osé essayer nos bouchées d'insectes. C'est à leur enthousiasme, à leur confiance et à leur curiosité que nous devons *Des insectes à croquer*.

EXTRAIT DU CARNET DE VOYAGE DE GEORGES BROSSARD

JAPON, MALAISIE, THAÏLANDE, SINGAPOUR, 1988
LE PLAT DE RÉSISTANCE

Ce jour-là, à Bangkok, je m'arrêtai, stupéfait, sur le boulevard Sukhumvit, en face de l'hôtel Grace. Une grosse Thaïlandaise au teint basané et à la peau huileuse faisait cuire tout bonnement sur le trottoir de grandes quantités de criquets. Visiblement, elle était fort occupée. Elle empoignait par douzaines ces criquets bien vivants qu'elle jetait dans une poêle à frire. Ces magnifiques arthropodes prenaient en quelques minutes la belle couleur dorée de nos frites. Les clients affluaient et lui en achetaient de grandes quantités qu'ils consommaient directement sur le trottoir. L'un d'eux s'en procura même plusieurs kilos afin de les rapporter chez lui pour en offrir à sa famille. Je demandai à mon compagnon de voyage, Pierre Bourque, de faire quelques photos. Puis, j'achetai une douzaine d'insectes bien vivants..., pour les ajouter à ma collection et à celle de l'Insectarium.

L'entomophagie commença, pour moi, ce jour-là. Et par la suite, lors de mes nombreux périples à travers le monde, j'ai goûté aux insectes maintes et maintes fois.

Georges Brossard,
fondateur de l'Insectarium

LES DÉGUSTATIONS D'INSECTES: UNE NOUVELLE FORME DE GASTRONOMIE

Il y a à peine cinq ans, personne n'aurait eu l'idée de publier au Québec un livre sur les insectes comestibles, et encore moins un livre de recettes à base d'insectes! Aujourd'hui, face à l'engouement et à la curiosité que suscitent les dégustations publiques, force est de constater que cet ouvrage répond à un nouveau besoin.

Lors de l'événement Croque-insectes qui a lieu chaque année, des centaines de questions surgissent chez les visiteurs enthousiasmés par leur expérience. Quel ingrédient donne à ce mets son goût particulier? Les insectes contiennent-ils du cholestérol? Puis-je faire frire les grillons qui chantent dans mon jardin? Les Mexicains mangent-ils vraiment des criquets? Où peut-on trouver des insectes comestibles?

Quand le chef Jean-Louis Thémis nous a présenté son projet de livre de recettes, nous y avons vu l'occasion rêvée de répondre à ces questions et à bien d'autres encore. Le domaine fascinant de la consommation d'insectes à travers le monde n'a aucune raison d'être une chasse gardée de spécialistes. Il existe, au contraire, mille raisons de mieux faire connaître cette pratique. En mettant à la disposition du public l'information glanée par notre équipe au fil des ans,

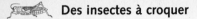

Des insectes à croquer lève le voile sur un univers encore mystérieux. Cette lecture vous fera voyager dans un monde étonnant, où gastronomie et entomologie font très bon ménage!

Guy Bélair,
directeur de l'Insectarium de Montréal

POUR UNE CUISINE ENGAGÉE

Le métier de cuisinier peut, après quelques années de pratique, devenir routinier et aliénant. Pour pallier ce mal, certains chefs ont recours à des notions de diététique pour alléger les sauces classiques; d'autres actualisent ou fusionnent des recettes, pour n'utiliser que des expressions à la mode. Autrefois, on présentait les mets de façon linéaire dans de petites assiettes. Aujourd'hui, on les dresse en relief dans de grandes assiettes. Pour stimuler tous les sens, on mélange les genres de mets – chauds et froids, croustillants et onctueux –, on emprunte des saveurs et des techniques aux cuisines d'ailleurs, mais, dans le fond, on tourne en rond.

Ce métier est un art!

Et un artiste s'exprime, milite socialement. Il provoque avec intelligence et tente, dans la mesure du possible et dans le respect de son art, de repousser les limites de son domaine. C'est dans cet esprit que j'ai entrepris de collaborer à ce livre. Je souhaite de tout cœur qu'il apporte une contribution à la gastronomie, qu'il permette de rétablir des habitudes qui se sont perdues et corrige les préjugés existant envers des peuples entomophages qui consomment des insectes davantage par gourmandise que par nécessité.

Jean-Louis Thémis, chef cuisinier

INTRODUCTION

Proposez sérieusement à une personne qui n'a jamais consommé d'insectes de tenter l'expérience, et vous obtiendrez presque toujours la même réaction:

«Manger des insectes? Ouache!»

Une grimace déforme son visage, puis un sourire sceptique se dessine sur ses lèvres. C'est une blague... Y aurait-il vraiment des gens assez fous pour manger ces bibittes à six pattes? Eh bien oui, et ils sont nombreux à en redemander!

La consommation d'insectes, ou entomophagie, est une pratique culinaire qui compte de plus en plus d'initiés en Amérique du Nord et en Europe. Le succès incontestable de l'événement Croque-insectes, tenu chaque année à l'Insectarium de Montréal, ne constitue que l'une des manifestations de cette ouverture d'esprit de la population à de nouveaux aliments. Il importe toutefois de souligner que cette nourriture n'est pas vraiment une nouveauté. En effet, les insectes font partie du menu traditionnel de millions de personnes dans plusieurs pays du monde, et ce depuis des milliers d'années.

Alimentation et culture sont liées: l'endroit où nous sommes nés, notre religion et la classe sociale de notre famille, notre éducation, tout cela influence nos habitudes alimentaires. Les sociétés industrialisées ont tendance à transformer les aliments avant de les consommer et à appliquer, pour l'emballage de la viande, des normes qui éliminent toute trace de son origine animale. Notre souci d'aseptisation ne cesse de croître, ce qui nous rend vulnérables aux croyances populaires qui font des insectes des bestioles sales et susceptibles de nous transmettre des microbes. Il n'y a alors rien d'étonnant à ce que les insectes ne correspondent pas, pour les Occidentaux, à une nourriture acceptable. Pourtant, un criquet bien dodu n'est pas plus bizarre ni plus dangereux pour la santé que ses proches parents, les crabes, les langoustes, les homards et les crevettes. Puisque ces arthropodes font les délices des gourmets, peut-être verrons-nous un jour les insectes gagner à leur tour les faveurs de la grande cuisine française. En attendant qu'une telle consécration culinaire se produise, nous vous invitons à découvrir avec nous les plaisirs de manger des insectes. Une fois avalée la première bouchée et vaincues les hésitations initiales, vous serez conquis.

Si vous ne faites pas encore partie des braves qui ont franchi cette barrière culturelle, *Des insectes à croquer* vous fournira mille et une raisons de le faire. Si vous êtes déjà adepte de l'entomophagie, vous trouverez dans cet ouvrage une foule d'informations sur la consommation d'insectes à travers le monde, sur les propriétés étonnantes que possèdent ces aliments naturels et sur les modes de préparation les plus appropriés aux insectes. Le chef Jean-Louis Thémis s'est surpassé pour donner à chacun l'envie irrésistible de retrouver des insectes dans son assiette.

Bienvenue dans l'univers des entomophages!

POURQUOI MANGER DES INSECTES?

À l'aube du troisième millénaire, l'idée de se nourrir d'insectes a, de prime abord, quelque chose de saugrenu. Sans trop y réfléchir, on associe plutôt cette habitude alimentaire à des peuplades primitives affamées qui vivent dans un environnement hostile. Mais au fur et à mesure que l'on s'informe sur la question, cette image des mangeurs d'insectes se modifie et on découvre une foule de bonnes raisons d'encourager la consommation de ces petits arthropodes.

À cause de la répulsion qu'elle provoque dans nos sociétés occidentales, l'entomophagie y reste une pratique largement méconnue. Même dans les milieux scientifiques, elle fait souvent figure de curiosité. Pourtant, cette particularité alimentaire suscite l'intérêt de plusieurs chercheurs spécialisés, œuvrant dans des domaines aussi variés que l'archéologie, la médecine, l'agronomie et l'ingénierie biotechnique. Le phénomène retient aujourd'hui l'attention de gens très sérieux, et l'intérêt qu'il suscite pourrait faire en sorte que les insectes occupent une place de plus en plus importante sur la carte des aliments disponibles pour nourrir la population de la planète.

L'entomophagie remonte, chez les humains, à des temps immémoriaux. Cette pratique s'est maintenue dans diverses régions du monde, où les insectes sont vus comme des aliments à part entière, au même titre que les crustacés ou les poissons. Mais le dégoût que ressentent la plupart des habitants des pays occidentaux pour les insectes est loin de favoriser l'expansion de cette pratique alimentaire. Si l'entomophagie a mauvaise réputation, c'est essentiellement à des préjugés qu'elle la doit. Or, cette réputation a pour effet de priver de nombreuses personnes des bienfaits que procure la consommation d'insectes. Des coutumes ancestrales se perdent ainsi, souvent au profit de nouvelles habitudes alimentaires moins saines sur le plan nutritif et plus lourdes de conséquences pour l'environnement. Le progrès n'a pas que des aspects positifs!

Il faut l'avouer, manger un insecte pour la première fois est une expérience qui demande une certaine dose de courage. Mais il suffit de franchir le premier pas, de goûter, d'avaler et d'apprécier l'insecte, pour que la curiosité se développe rapidement et l'emporte sur les préjugés. On comprend alors pourquoi l'entomophagie existe encore...

D'ABORD POUR LE GOÛT!

Le criquet à la mexicaine est l'un des mets les plus recherchés lors des dégustations annuelles organisées par l'Insectarium de Montréal. Les goûteurs comparent sa saveur à celle du poulet ou des crevettes. Pour beaucoup de visiteurs c'est là une agréable surprise. Eh oui, les insectes ont bon goût!

Les espèces d'insectes consommées de nos jours par les populations d'Asie, d'Afrique, d'Australie et d'Amérique latine ont été appréciées par des millions de personnes, et ce sur des dizaines de générations. D'ailleurs, certains insectes sont si populaires qu'ils font l'objet de commercialisation, à l'état naturel ou cuisinés, et même d'exportation.

On imagine souvent que les populations qui se nourrissent d'insectes le font uniquement en cas d'extrême nécessité, pour éviter de mourir de faim. La réalité s'avère très différente. «En général, les peuples indigènes ne mangent pas les insectes parce qu'ils y sont forcés, mais bien parce qu'ils les aiment», déclare le Dr Gene R. DeFoliart, l'un des spécialistes mondiaux de l'entomophagie. Cet entomologiste américain rattaché à l'Université du Wisconsin appuie son affirmation à la fois sur les relevés anciens et récents faits par de nombreux voyageurs et chercheurs de diverses nationalités. Si certains de ces documents n'ont pas la rigueur scientifique des travaux universitaires, ils n'en sont pas moins des comptes rendus utiles, et souvent fascinants, qui ajoutent à la somme des savoirs accumulés dans le monde sur l'entomophagie. La recherche moderne exprime toutefois avec suffisamment de clarté les motivations des consommateurs d'insectes: le plaisir y joue un rôle central.

En Colombie, par exemple, un mets traditionnel, unique en son genre, excite la convoitise des gourmets et fait dépenser de petites fortunes à certains d'entre eux. La récolte des *hormigas culonas*, ou «fourmis à gros derrière», est un événement annuel qui attire des milliers de Colombiens dans la région de Santander, au nord-est du pays.

Durant les mois de mars, d'avril et de mai, des «chasseurs» capturent ces fourmis dotées d'un abdomen protubérant. Afin de se protéger des cuisantes morsures des insectes, ils se couvrent de vêtements épais. Les insectes ne quittent la fourmilière que le matin, après une nuit très pluvieuse, alors que le soleil, très brillant, les attire à l'extérieur de leur abri. Pour simuler ces conditions de forte luminosité, les chasseurs ont mis au point un astucieux subterfuge: à l'aide d'un miroir, ils projettent les rayons du soleil à l'entrée de la fourmilière. Chaque fourmilière, qui peut abriter jusqu'à cinq millions d'habitants, produit entre 200 grammes et trois kilos de fourmis comestibles. Les insectes passent à la poêle à frire encore vivants. On leur enlève ensuite les ailes et les mandibules avant de les déguster. La préparation du plat tant attendu demande donc beaucoup d'efforts, qui sont vite récompensés par le goût exceptionnel de ces fourmis.

Ce plat de fourmis frites porte, entre autres noms, celui de «caviar de Santander». Il doit probablement cette appellation à sa ressemblance avec les masses d'œufs sombres qui forment le caviar russe. Et comme celui-ci, les *hormigas culonas* valent leur pesant d'or: 450 grammes de cette gourmandise coûtent une vingtaine de dollars américains. Ces fourmis comestibles possèdent depuis fort longtemps une valeur économique considérable. Des spécialistes des organisations économiques précolombiennes ont découvert que les fourmilières étaient jadis des propriétés privées dont on se disputait les franchises!

La réputation du caviar de Santander s'étend même au-delà des frontières du pays. Les Japonais, chez qui la consommation d'insectes est plutôt bien acceptée, n'ont pas hésité à faire l'importation de cette friandise de luxe.

Grâce à ses puissantes industries robotisées et à ses villes ultramodernes, le Japon s'inscrit résolument dans le courant des technologies de l'avenir. Pourtant, cela ne l'empêche pas de conserver de solides attaches avec ses traditions millénaires. Comme c'est le cas dans plusieurs autres pays asiatiques, les insectes font partie de l'alimentation de la population japonaise. Au pays du soleil levant, ce sont particulièrement les guêpes qui conservent la faveur populaire.

Les larves, les nymphes et même les guêpes adultes appartenant à l'espèce *Vespula lewisi* sont frites et servies dans du riz cuit et assaisonné de sucre et de sauce soja. L'abondance et la diversité des mets disponibles dans ce pays ne laissent aucun doute sur le fait que la consommation d'insectes correspond véritablement à un choix pour les Japonais. On raconte même que le célèbre empereur Hirohito, se rétablissant avec peine d'une intervention chirurgicale, à la fin de sa vie, se nourrissait presque exclusivement de ce mélange de riz et de guêpes. Peut-être cet aliment, par son goût de noix et de sucre, a-t-il pu adoucir les derniers jours du vieil homme.

Un saut de l'Asie à l'Afrique nous fera découvrir une autre spécialité gastronomique. Dans ce vaste continent, plusieurs espèces de chenilles sont des mets de choix dans l'alimentation de diverses ethnies. Dans certains pays, les gens préfèrent les chenilles à la viande comme source de protéines animales. En Afrique du Sud, l'étonnante chenille du mopane est sans doute l'une des espèces d'insectes les plus recherchées. Aussi appelée *mansonja*, cette chenille épineuse aux couleurs brillantes se transforme en un superbe papillon nocturne appartenant à la famille des saturniides... si personne ne la croque avant sa métamorphose. Mais il y a de fortes chances pour que la *mansonja* finisse dans la poêle, apprêtée dans une sauce tomate ou, séchée, sur un étal de marché.

Seuls les habitants de la campagne appréciaient autrefois cette grosse chenille d'une dizaine de centimètres de longueur, mais la population des villes commence à aimer son goût. À Johannesburg, par exemple, on la trouve dans les marchés à longueur d'année. Mais la véritable preuve du succès des chenilles du mopane tient au fait que leur arrivée à l'état frais sur le marché provoque la chute de la vente de bœuf...

UNE PRATIQUE ANCIENNE

Dans de nombreuses régions du monde, la consommation d'insectes est une coutume ancestrale dont l'origine se perd dans la nuit des temps. Les spécialistes en alimentation estiment en effet que l'entomophagie remonte à une époque très reculée; certains croient d'ailleurs qu'elle faisait partie intégrante de l'alimentation de base des premiers humains.

Les dessins et les écrits constituent une source de documentation privilégiée sur la consommation des insectes au cours de l'histoire. Certains documents ont ainsi permis de découvrir que le goût raffiné des insectes avait séduit les Romains et les Grecs de l'Antiquité. Ces derniers mangeaient à l'occasion des termites et des criquets, mais ils raffolaient particulièrement des cigales. Les textes sacrés de la Bible rapportent que saint Jean-Baptiste a vécu en ascète dans le désert et qu'il se nourrissait de sauterelles et de miel sauvage. La Torah et le Coran citent aussi d'antiques coutumes d'entomophagie.

Les récits des explorateurs, des naturalistes et des anthropologues s'attardent souvent aux curiosités, ce qui fournit l'occasion de recenser diverses pratiques de consommation d'insectes. L'arrivée des Espagnols en Amérique après la traversée de Christophe Colomb a également apporté des témoignages variés sur les habitudes alimentaires des populations de plusieurs pays. Quand, par exemple, le capitaine Martin Galeano et ses hommes conquirent la région de Santander en Colombie, ils découvrirent le goût prononcé des indigènes pour les fourmis à gros derrière. Les textes de l'époque rapportent qu'au début les Espagnols se contentèrent d'observer avec dédain cette curieuse coutume gastronomique. Certains s'y risquèrent enfin et devinrent bientôt des amateurs de fourmis frites, tout comme l'étaient les habitants de la région. On rapporte même que cette friandise, nouvelle pour les Espagnols, suscita des conflits avec les Indiens au sujet de l'exploitation des fourmilières.

En Australie, des peintures rupestres fort anciennes représentent des fourmis pot de miel. Ces insectes étranges constituent des réserves de sucre vivantes pour les autres membres de la colonie. (Voir illustration page suivante.) Soutenant le poids de leur abdomen gorgé de miel, qui peut atteindre la taille d'un raisin, ces fourmis spécialisées vivent suspendues au plafond du nid. Depuis très longtemps, les femmes aborigènes appartenant à plusieurs groupes tribaux fouillent les fourmilières pour offrir à leur famille ces sucreries traditionnelles.

Les fourmis pot de miel jouent un rôle unique dans la cosmologie des aborigènes australiens. Comme plusieurs autres animaux, ces fourmis font partie des totems ancestraux qui, d'après les croyances complexes des Australiens, seraient à l'origine de la création de la Terre et de ses habitants. Elles sont ainsi représentées de façon symbolique sur les murs de certaines cavernes et sur des objets rituels.

En l'absence de dessins ou d'écrits, d'autres traces concrètes peuvent révéler aux chercheurs la présence de cas anciens d'entomophagie. L'histoire des millions de criquets du Grand Lac Salé en est un bon exemple.

En 1984, une équipe d'archéologues américains fit une découverte inattendue alors qu'elle explorait une caverne située à l'extrémité ouest du Grand Lac Salé, en Utah. Ses fouilles se concentraient sur des dépôts laissés par des groupes de cueilleurs-chasseurs de l'époque préhistorique. Certains de ces dépôts datent de 5 000 ans. L'archéologue David B. Madsen fut rapidement intrigué par la présence en ce lieu de nombreux fragments d'insectes découverts par

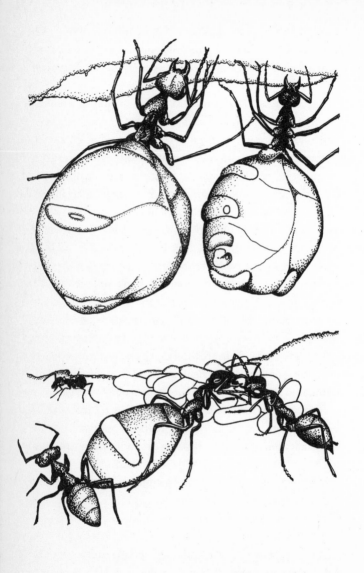

Fourmis pot de miel, 4 mm à 10 mm

son équipe. Des fouilles plus approfondies révélèrent que la caverne contenait les restes d'environ cinq millions de criquets, répartis en couches recouvertes de sable.

Pourquoi y avait-il là autant d'insectes? La découverte d'excréments humains contenant une importante quantité de restes de criquets fournit une réponse à cette question. De toute évidence, les chasseurs-cueilleurs avaient fait plusieurs repas d'insectes.

Cette trouvaille amena Madsen à s'interroger sur les habitudes alimentaires des tribus amérindiennes de l'Ouest des États-Unis. Madsen put ainsi vérifier que les criquets faisaient partie de l'alimentation courante des populations des régions du Grand Bassin et du Plateau du Colorado. L'abondance de ces insectes sauteurs, à certaines périodes de l'année, facilitait d'autant leur capture. La caverne du Grand Lac Salé servait à ce moment de lieu de préparation et d'entreposage temporaire de cette réserve de nourriture.

Des notes relevées dans des textes du XIXe siècle font référence aux criquets du désert, désignés dans la Bible comme la huitième plaie d'Égypte. Selon ces textes, les criquets pèlerins *(Schistocerca gregaria)* constituaient une importante ressource alimentaire en Afrique du Nord et au Moyen-Orient. Ces écrits confirment que les tribus profitaient de l'abondance des insectes pour en faire de vastes provisions et qu'elles s'en servaient ensuite pour faire du troc dans les marchés. Chaque famille stockait en moyenne 200 kilos de criquets par tente.

Un aliment abondant et de bonne qualité

À la suite de sa découverte des réserves de criquets accumulées dans la caverne du Grand Lac Salé, Madsen poussa la curiosité jusqu'à mesurer la valeur énergétique des insectes consommés par les chasseurs-cueilleurs. Valait-il la peine de récolter et de manger des criquets? Était-ce un choix alimentaire judicieux?

Ces insectes sauteurs peuvent, lorsqu'ils se trouvent en bordure des cours d'eau et des lacs qu'ils viennent de traverser, atteindre une densité de plusieurs centaines d'individus par mètre carré. Madsen a calculé expérimentalement que, dans ces conditions, une personne pouvait ramasser à elle seule environ huit kilos de criquets à l'heure. En se basant sur le fait que ces huit kilos de criquets contenaient 23 479 calories, Madsen estima que cette quantité d'insectes correspondait à l'équivalent de 87 chili dogs, de 49 pointes de pizza ou encore de 43 Big Macs. Pas mal pour une heure de récolte!

Pour ces chasseurs-cueilleurs de l'ère préhistorique, consommer des insectes représentait sans aucun doute un excellent choix sur le plan nutritionnel. En plus de leur goût agréable, que plusieurs s'entendent à comparer à celui des crevettes, les criquets possèdent d'indéniables qualités nutritives. Ils sont en tout cas plus nourrissants, et probablement plus faciles à digérer que les trois vedettes du *fast food* auxquelles on les a comparés.

Les insectes ont fait leurs preuves comme aliments de qualité, ainsi que nous le verrons plus en détail dans le chapitre suivant. Ils sont très énergétiques et contiennent une importante proportion de protéines assimilables, de même que des vitamines et divers minéraux. Ce n'est pas un hasard si l'espèce humaine consomme des insectes! D'instinct, les populations des diverses régions du globe ont dû historiquement se tourner vers des aliments adéquats, qui favorisaient le maintien de leur bonne santé. Les insectes ont naturellement fait partie de ces choix. De plus, de nombreuses espèces comestibles se trouvent en abondance dans la nature, ce qui facilite leur cueillette, au moins à certaines périodes de l'année.

Selon Bruno Comby, un ingénieur français devenu apôtre de l'entomophagie, le système digestif de l'être humain serait parfaitement adapté à un régime varié où les insectes constitueraient la principale source de protéines animales. Selon sa théorie, notre grande consommation de viande et de produits laitiers, en particulier, nous causerait plus de mal que de bien et gagnerait à être remplacée par la consommation d'une plus petite quantité d'insectes. D'après les expériences personnelles de Comby, notre organisme assimilerait plus facilement les protéines que renferment les insectes.

Comby fonde en partie sa recherche et sa pratique sur ce qu'il appelle la théorie de l'homme-singe. Dans l'état actuel des connaissances scientifiques, on croit que l'homme et les grands primates seraient issus d'un ancêtre commun, à savoir d'un petit mammifère apparenté aux insectivores. Aujourd'hui, les grands singes sont tous plus ou moins entomophages. Le chimpanzé, qui est très proche de l'homme sur le plan génétique, comble ses principaux besoins en protéines animales par la consommation d'insectes. D'après Comby, la génétique de l'espèce humaine, qui détermine ses processus digestifs et métaboliques, se rapprocherait davantage de celle des insectivores que des carnivores.

Quoi qu'il en soit du bien-fondé de cette théorie, une meilleure connaissance et une plus grande ouverture d'esprit à l'égard de la consommation d'insectes pourraient résoudre en partie le problème crucial de la faim dans le monde. En dépit des efforts, plus ou moins ciblés, qui se sont déployés à l'échelle internationale, de nombreuses populations des pays en développement souffrent d'une carence en protéines. Faudrait-il manger des insectes pour survivre? Pourquoi pas? Certains peuples le font déjà, peut-être sans le savoir. Par exemple, on a remarqué, au cours de recherches menées sur les tribus vivant dans les hautes terres de la Nouvelle-Guinée centrale, que les personnes qui souffraient le moins de malnutrition et de famine se retrouvaient parmi les groupes qui consommaient une plus grande variété d'insectes que les autres.

Ces petits animaux représentent une source de nutriments exceptionnelle, souvent disponible gratuitement et facilement accessible, dans les pays mêmes où les besoins se font les plus pressants. En ce qui a trait à leur quantité, les insectes sont les animaux les plus nombreux de la planète, et leur biomasse dépasse largement celle de tous les autres animaux réunis. L'exploitation des espèces comestibles déjà connues fournirait à elle seule une source de protéines très appréciable et à moindre coût. Pour faciliter le travail, la mise sur pied d'élevages d'insectes pourrait aussi faire partie des solutions envisagées.

Le dédain que la plupart des Nord-Américains et des Européens partagent pour l'entomophagie n'encourage certes pas la diffusion de cette pratique à travers le monde. Les expériences de divers chercheurs montrent que certaines populations, conscientes du dégoût que suscite chez nous la consommation d'insectes, dissimulent ces habitudes alimentaires et ont parfois tendance à les abandonner au profit de pratiques mieux adaptées aux normes modernes. Pourtant, les insectes font souvent partie intégrante de leur équilibre alimentaire.

Manger des insectes ne correspond pas aujourd'hui à une nécessité pour nous, car nous ne souffrons généralement pas d'une carence en protéines. Par contre, si nous acceptions plus facilement cette pratique, l'image de l'entomophagie en serait changée. Qui sait, peut-être achèterons-nous un jour des criquets à la tomate en conserve dans les épiceries fines, comme nous le faisons aujourd'hui pour les escargots et le caviar. Si on réussissait à rehausser la valeur des insectes comestibles, l'habitude de les consommer se généraliserait plus facilement. Avec la courbe démographique de la planète qui pointe toujours vers des sommets astronomiques, l'entomophagie aura sans doute sa place dans l'alimentation de l'avenir.

AU SERVICE DU DÉVELOPPEMENT DURABLE

Si l'entomophagie offre de nombreux avantages sur le plan nutritif, les incidences de cette pratique sur les plans écologique et économique sont également considérables. Lors des rencontres internationales, il est de plus en plus question aujourd'hui de la nécessité et de l'urgence, pour l'ensemble des nations du globe, d'adopter des pratiques de développement compatibles avec la santé environnementale de la planète. Ce souci d'une croissance économique saine dans le respect de la conservation des écosystèmes et des ressources naturelles semble l'une des voies incontournables de notre bien-être collectif.

Dans cette perspective de développement durable, la consommation d'insectes par les humains offre plusieurs avenues prometteuses. À titre d'exemple, un grand nombre d'espèces comestibles causent des dommages aux cultures. Pourquoi ne pas prendre l'habitude de les manger plutôt que de les noyer sous les pesticides? S'ils encourageaient la récolte manuelle de ces insectes ou le recours à des équipements simples, les grands producteurs agricoles et les gouvernements pourraient créer une nouvelle source de revenus pour les populations pauvres. Sur le plan écologique, le profit d'une telle activité serait double: on instaurerait une forme de lutte intégrée des insectes nuisibles en milieu agricole tout en procurant à la population un aliment nutritif, souvent disponible à profusion. Et n'oublions pas qu'en prime, les insectes ont généralement une valeur nutritive supérieure à celle des végétaux dont ils se nourrissent.

Dans plusieurs régions du monde, les criquets comptent parmi les insectes les plus couramment consommés pour leur goût. Il faut dire cependant que certaines espèces de criquets ont acquis une tout autre réputation, liée à leurs migrations en essaims massifs et à leurs effets dévastateurs sur les récoltes.

Les nuées de criquets migrateurs qui obscurcissent le ciel et s'abattent par millions sur les champs sont une véritable catastrophe pour les agriculteurs. En dépit des tonnes de produits chimiques hautement toxiques qui ont été déversés dans plusieurs régions du monde, et en particulier en Afrique, pour lutter contre ces insectes, les experts n'ont jamais réussi à contrôler ces envahisseurs ailés. Un criquet migrateur pèse environ 3,5 grammes et il dévore chaque jour l'équivalent de son propre poids. Lorsqu'on sait que ces insectes se regroupent en essaims d'un milliard d'individus et que lors des grandes invasions une centaine d'essaims se déplacent en même temps, on ose à peine imaginer les ravages causés par ce fléau.

Qu'arriverait-il maintenant si on faisait l'exercice de considérer ces insectes comme une source de nourriture potentielle? Subitement, l'horrible invasion se transformerait en une véritable manne! Bien qu'ils n'élimineraient pas complètement les dommages causés aux cultures, les efforts déployés par la population pour la récolte des criquets seraient largement récompensés.

Une expérience du genre a d'ailleurs été tentée en Thaïlande en 1983. Des responsables du gouvernement de la province de Prachinburi, incapables de venir à bout des invasions de criquets dans les champs de la région, ont lancé une campagne publique de récolte des criquets. Les villageois ont recueilli plus de 10 tonnes d'insectes, qu'ils ont transformés rapidement en amuse-gueules frits. Les Thaïlandais ont vite adopté ces croustilles nouveau genre, qui ont envahi la plupart des épiceries locales du pays. Très appréciés des amateurs de bière et de whisky, les criquets frits figurent maintenant sur la liste des denrées exportées par la province de Prachinburi.

Nous ignorons malheureusement l'impact de cette récolte manuelle comme moyen de contrôle des criquets. Il est toutefois certain que cette mesure contribue à réduire l'usage de pesticides, tout en donnant un nouveau souffle à l'économie en milieu rural. De telles récoltes massives pourraient être une véritable aubaine. Elles favoriseraient ainsi le développement de l'autosuffisance alimentaire d'une population, et ce d'une façon très respectueuse de l'environnement.

La mise sur pied et l'implantation d'élevages d'insectes comestibles dans des communautés sont également des mesures susceptibles d'accroître l'autonomie alimentaire. Dans une perspective de développement durable, il serait beaucoup plus intéressant d'établir des élevages domestiques ou même des élevages industriels d'insectes que des fermes de bovins, par exemple. Si on la compare à celle du bœuf de boucherie, la production d'insectes permettrait une économie substantielle de terres arables, d'eau pour l'irrigation, de fertilisants, d'herbicides, de pesticides et d'équipements dispendieux. De plus, il est maintenant reconnu que l'élevage des bovins contribue à la disparition des forêts tropicales et à l'augmentation de la production mondiale des gaz à effets de serre.

Les insectes obtiennent aussi une meilleure note que le bœuf quant à la productivité. Les chercheurs Nakagaki et DeFoliart estiment que l'efficacité de la conversion des végétaux en protéines animales est, chez les criquets, plus de cinq fois supérieure à celle des bœufs. En outre, étant donné le taux de natalité nettement supérieur des criquets femelles par rapport à celui des vaches, le taux réel de conversion des criquets en nourriture serait de 15 à 20 fois supérieur à celui des vaches.

Si l'on veut encourager la consommation d'insectes chez les humains, il importe en premier lieu de modifier notre attitude à l'égard de cet aliment. Une fois cette étape franchie, il faudra faciliter l'approvisionnement en insectes, dans une perspective de respect des grands principes du développement durable. La récolte des insectes comestibles se fait généralement de façon artisanale, très souvent à la main. Une consommation accrue devrait favoriser le développement de techniques de capture peu coûteuses, adaptées aux espèces recherchées. On peut penser, par exemple, à la mise au point de pièges lumineux ainsi que de pièges à phéromones, lesquels utilisent des parfums chimiques naturels qui attirent les insectes. La simple apparition de l'éclairage électrique nocturne dans les centres urbains d'Afrique de l'Est a révolutionné la récolte des sauterelles *nsenene*, qui sont attirées en masse par la lumière.

La recherche portant sur les élevages d'insectes a permis par ailleurs de découvrir de nouvelles perspectives relativement au recyclage des matières organiques. Les insectes peuvent en effet se nourrir de substances qui ne sont pas actuellement considérées comme des aliments. Des larves de diptères, par exemple, sont utilisées dans le cadre d'une expérience de recyclage des résidus de café au Salvador. Une autre larve de mouche se nourrit d'excréments de poulets qu'elle transforme en aliment pour la volaille. Le monde des insectes est si riche et la recherche, si jeune dans ce domaine que nous commençons à peine à entrevoir les multiples possibilités de leur utilisation.

LES PROTÉINES DE L'AVENIR?

Avec le temps, l'entomophagie gagnera sans doute du terrain sur la carte gastronomique de la planète. En 1974, un sondage effectué auprès de 12 000 personnes dans la ville de Mexico démontrait une étonnante ouverture d'esprit de la population à l'égard de cette pratique. L'immense majorité des répondants, soit 93 p. 100 des personnes interrogées, avaient exprimé l'avis que les insectes feraient partie de l'alimentation du futur et qu'il faudrait stimuler davantage la fabrication de produits alimentaires à base d'insectes. Peut-être est-il plus facile de prédire un brillant avenir pour l'entomophagie dans l'un des pays où l'on pratique encore une consommation traditionnelle d'insectes? Cependant, la quasi-unanimité des répondants démontre le potentiel que représente cet aliment pour cette population.

Si des milliers de gens à travers le monde sont ouverts à la possibilité que les humains aient une consommation accrue d'insectes dans l'avenir, on peut s'attendre qu'un nombre encore plus élevé de personnes se rallient à l'idée d'en nourrir les animaux d'élevage. Diverses espèces d'insectes servent en effet d'aliments de substitution pour engraisser la volaille et le poisson. En Inde, des millions de chrysalides de vers à soie issues de l'industrie textile font partie, chaque année, de l'alimentation des poules, qui s'en portent fort bien. Dans le cadre d'un projet expérimental mis sur pied au Népal, on remplace par des insectes une partie de la coûteuse nourriture importée qui sert à engraisser les poissons d'élevage. Plus près de chez nous, le Food Insects Research & Development Project (FIRDP), rattaché à l'Université du Wisconsin, aux États-Unis, a publié les résultats fort intéressants de ses travaux sur les élevages de volailles. Au cours des différentes recherches, on a nourri de jeunes poulets à l'aide d'une «moulée» équilibrée contenant des larves et des pupes de mouche domestique *(Musca domestica)*, des sauterelles mormones *(Anabrus simplex)* ou encore des grillons domestiques *(Acheta domestic)*. Dans les trois cas, les résultats ont été jugés très positifs, puisque les volatiles se sont développés à un rythme tout à fait normal. De plus, un panel de goûteurs n'a décelé aucune différence entre les poulets nourris de la façon habituelle et ceux nourris à partir d'un supplément d'insectes.

Le développement de l'entomophagie chez les animaux d'élevage aurait des impacts positifs tant sur le plan économique que sur le plan écologique. Cette pratique assurerait à moindre coût une alimentation riche en protéines pour les animaux destinés à notre propre consommation. Les insectes peuvent en effet se nourrir de matières organiques inutilisables par les humains, ce qui contribuerait au recyclage des déchets dans les agro-écosystèmes. D'autre part, les moulées utilisées actuellement contiennent des céréales et d'autres végétaux que nous pouvons consommer directement et qui requièrent des méthodes de culture coûteuses. Le remplacement d'une partie de cette moulée par des insectes pourrait augmenter la quantité de nourriture disponible pour les humains. Les complexes agroalimentaires de l'avenir gagneront certainement à inclure la récolte et l'élevage des insectes comestibles dans leurs processus de production. Fondée sur des choix judicieux, la présence de ces insectes pourra contribuer de façon importante à l'équilibre écologique et au succès de ces entreprises.

La création de «fermes» d'élevage d'insectes comestibles est l'un des éléments clés du développement futur de l'entomophagie. Quelques espèces d'insectes font déjà l'objet d'élevages: le ver à soie *(Bombyx mori)* et l'abeille domestique *(Apis mellifera)* comptent parmi les exemples les plus anciens. Le grillon domestique *(Acheta domestica)* et les larves de ténébrion meunier *(Tenebrio molitor)* sont aussi produits en grandes quantités depuis des années pour nourrir les reptiles, ainsi que les oiseaux et autres animaux de compagnie. On a, plus récemment, établi des protocoles d'élevage d'insectes utilisés pour la lutte biologique, comme certaines espèces de coccinelles et de guêpes. Mais les travaux visant à produire en grand nombre des insectes destinés à la consommation humaine sont encore rares! Quelques chercheurs visionnaires tentent quand même l'aventure et relèvent le défi que pose la mise au point de la technologie nécessaire pour y parvenir à faible coût et dans le respect de l'environnement.

Le Dr Robert Kok, du département d'ingénierie agricole de l'Université McGill, à Sainte-Anne-de-Bellevue, au Québec, est l'un de ces chercheurs. Son intérêt pour les voyages dans l'espace l'a amené à concevoir un élevage d'insectes capables éventuellement de s'adapter aux caractéristiques des vaisseaux spatiaux et aux besoins des cosmonautes participant à des missions de longue durée. En raison de ses particularités, ce système d'élevage convient très bien à nos besoins plus terre à terre.

L'espèce choisie pour un élevage de ce genre doit satisfaire de nombreux critères. En plus de sa valeur nutritive et de son goût agréable, l'insecte doit notamment pouvoir se reproduire facilement et croître rapidement; en outre, la période d'incubation de ses œufs doit être courte. L'insecte doit être résistant aux maladies et aux parasites, non cannibale et d'apparence agréable. Pour les travaux de Robert Kok, le candidat retenu a été un petit coléoptère, la stégobie des pharmacies *(Stegobium paniceum)*, dont la larve est comestible. Comme d'autres insectes, la stégobie est capable de digérer la cellulose grâce à la présence de certaines bactéries dans son système digestif. L'insecte transforme la cellulose en chair animale, à partir du même principe déjà mis en évidence chez les ruminants, mais avec une meilleure efficacité. Sur Terre ou à bord de vaisseaux spatiaux, les insectes peuvent jouer un rôle important d'agent de recyclage en transformant en nourriture les résidus végétaux inutilisables des écosystèmes. La stégobie est omnivore. Elle a été observée alors qu'elle se nourrissait de substances aussi diverses que du pain, des médicaments, des fèves, des livres, de la strychnine et même des momies!

Le Dr Kok a examiné plusieurs configurations du système d'élevage. Le but de l'exercice était de permettre la production d'une quantité suffisante de petites larves blanches pour obtenir les protéines animales nécessaires à la survie de 100 personnes. Le projet s'est avéré réalisable, et on pourrait envisager de l'automatiser presque complètement. Lors d'une dégustation publique, les larves et les nymphes de stégobie ont subi avec succès l'épreuve du goût, à la fois sous forme de sauce à spaghetti et de saucisses Francfort.

La production d'insectes destinés à servir de nourriture dans l'espace est peut-être encore loin de se réaliser, mais la technologie conçue pour ces petits élevages pourrait répondre, dans un proche avenir, à des besoins très concrets. Répartis entre plusieurs petites localités, de tels élevages ne nécessiteraient pas d'investissements considérables en transport ni d'espace d'entreposage. On peut même envisager un jour l'implantation d'élevages domestiques, où chaque foyer disposerait de sa propre fabrique de protéines toujours fraîches.

L'accroissement de la population mondiale laisse entrevoir la nécessité d'augmenter la quantité de nourriture disponible et d'assurer un approvisionnement constant en aliments de qualité pour les millions de personnes supplémentaires. À l'élevage des bovins, de la volaille et du poisson, il est temps d'ajouter celui des insectes. Ces animaux pourront alors jouer un double rôle: celui d'agent de transformation dans le recyclage de matière organique et celui de source d'alimentation pour les humains et les animaux.

Une plus grande ouverture d'esprit de la part des individus, le développement de la recherche et les encouragements offerts par les divers ordres gouvernementaux pourraient permettre à l'entomophagie de gagner ses lettres de noblesse dans un avenir rapproché. Pour les enfants des générations futures, manger des insectes serait alors un geste tout aussi naturel que d'avaler des champignons ou des crevettes!

Stégobie des pharmacies
Adulte: environ 2,5 mm

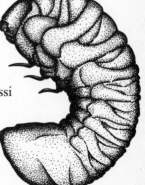

Stégobie des pharmacies
Larve: 0,1 mm à 3,5 mm

LES INSECTES:
ALIMENTATION ET MÉDECINE

Les progrès de la recherche consacrée à l'entomophagie permettent d'accumuler des connaissances très diversifiées sur les multiples facettes de cette pratique et sur ses nombreux bienfaits. Les résultats de ces études devraient susciter un intérêt croissant dans l'avenir, car les insectes s'y révèlent une étonnante source de découvertes, tant sur le plan alimentaire que thérapeutique.

Pourtant les chercheurs se font encore rares dans ce domaine, et ce malgré l'incroyable multiplicité des sujets d'étude possibles. Regroupant plus d'un million d'espèces connues à ce jour, les insectes remportent la palme en ce qui a trait à la diversité dans le règne animal. On en trouve pour tous les goûts et pour tous les usages.

Il suffit de parcourir la documentation existante sur l'entomophagie pour s'apercevoir rapidement que les insectes sont dotés d'une foule de qualités nutritives et de propriétés médicinales qui gagneraient à être mieux connues. Certaines espèces auraient même d'étranges pouvoirs sur les humains...

Protéines, lipides, minéraux et vitamines

Durant la Seconde Guerre mondiale, les prisonniers qui étaient arrivés récemment au Stalag 17, en Allemagne, s'empressaient d'enlever avec dégoût les insectes qui flottaient dans leur soupe trop claire. Mais plusieurs décidèrent de les avaler après que les médecins du camp leur eurent fait remarquer que ces bestioles étaient probablement ce que la soupe contenait de plus nourrissant.

Ces prisonniers ont fait un bon choix en agissant de la sorte. On peut recenser divers cas où des populations menacées de famine doivent en partie leur survie à la consommation d'insectes. Durant la grande dépression économique des années 1930, par exemple, les habitants des Prairies canadiennes se sont nourris de criquets pour éviter de mourir de faim. L'amélioration de la situation économique allait toutefois mettre fin à cette période d'entomophagie.

Consommer des insectes, que ce soit en période de crise, par tradition ou par goût, constitue un excellent choix alimentaire. Les études estimant la valeur nutritive des insectes donnent des résultats probants. Des recherches ont porté sur diverses espèces comestibles du Mexique, des États-Unis ainsi que de plusieurs pays d'Afrique. Dans la grande majorité des cas, les résultats placent ces insectes en très bonne position sur la liste des aliments les plus nutritifs.

Les insectes se classent avantageusement en ce qui a trait à leur contenu en protéines. Sous leur forme séchée, on les trouve souvent sur le marché, et ils présentent alors une teneur élevée en protéines. Cette proportion est supérieure à 60 p. 100 chez plusieurs espèces, et peut même atteindre 82 p. 100. Chez les sauterelles, par exemple, elle se situe entre 50 et 70 p. 100. À titre de comparaison, toujours en poids sec, la teneur en protéines du poulet n'excède pas 23 p. 100, celle du bœuf, 19 p. 100 et celle du porc, 17 p. 100.

Les protéines varient selon les insectes, non seulement sur le plan de la quantité, mais également sur le plan de la qualité. Elles ont, chez plusieurs insectes, une valeur équivalente ou supérieure à celle du soja. Le taux de protéines digestibles s'élève jusqu'à 64 p. 100 chez les espèces étudiées au Mexique. On note, par contre, une déficience en méthionine, en cystéine et en tryptophane. Cette carence est facilement compensée par l'addition au repas de protéines végétales adéquates. Toujours en ce qui concerne les acides aminés, les insectes sont riches en lysine et en thréonine, substances qui font souvent défaut dans l'alimentation à base de blé, de riz ou de maïs. Dans plusieurs pays en développement, où ces types de régimes sont courants, il serait fort intéressant d'ajouter des insectes au menu.

Comme les végétaux, qui renferment de la cellulose, les insectes contiennent des substances que les humains sont incapables de digérer. C'est le cas de la chitine, qui forme leur squelette externe. On peut cependant enlever cette substance dans certains cas, et la qualité des protéines des insectes se compare alors à celle des vertébrés. Mais même si l'on consomme les insectes avec leur revêtement de chitine, ils ont sans aucun doute une valeur nutritive. La chitine, qui constitue environ 10 p. 100 du poids sec d'un insecte, est considérée comme une source de fibre alimentaire et peut contribuer au bon fonctionnement des intestins.

En ce qui a trait aux lipides, certaines espèces en renferment aussi peu que le bœuf de première qualité, alors que d'autres ont une teneur en gras très élevée. Les chenilles et les termites comptent parmi les insectes les plus riches en lipides. Dans certaines régions du monde, le gras de termites est tellement apprécié qu'on n'hésite pas à le payer le même prix qu'une huile d'olive extrafine. Les insectes possèdent souvent une valeur en calories élevée, ce qui en fait des aliments de choix pour les populations où sévit la malnutrition.

Au Mexique, les analyses portant sur 94 espèces comestibles révèlent la présence d'un taux élevé de lipides. On a observé que la teneur en calories est, chez la moitié des espèces, supérieure à celle du soja, chez 87 p. 100 des espèces, supérieure à celle du maïs, chez 63 p. 100 des espèces, supérieure à celle du bœuf, et chez 95 p. 100 des espèces, supérieure à celle du blé et du seigle.

Le taux de cholestérol des insectes varie énormément d'une espèce à l'autre et il peut être réduit en modifiant le régime alimentaire des insectes. Certains groupes ont des taux élevés d'acides linoléique et linolénique, qui sont des acides gras essentiels à notre santé.

Plusieurs insectes comestibles représentent une source importante de zinc et de fer. Dans les pays en développement, les femmes, surtout les femmes enceintes en Afrique, souffrent souvent de déficiences en fer. Pour combler cette carence, il ne faudrait qu'une faible quantité de chenilles (100 grammes par jour ou moins). Le zinc, d'autre part, risque souvent d'être consommé en quantité insuffisante dans les régimes végétariens, et ce sur l'ensemble de la planète.

Les insectes contiennent, en général, à peu près autant de calcium que le lait. Leur consommation serait particulièrement bénéfique dans les régions où cet aliment est rare ou peu apprécié. D'autres minéraux, comme le cuivre et le magnésium, existent en quantités importantes chez certains insectes.

Les vitamines sont aussi représentées dans la composition biochimique des insectes. Le type de vitamines et la quantité qu'on y trouve varient selon les espèces, mais on note souvent la présence marquée de thiamine (vitamine B_1), de riboflavine (vitamine B_2) et de niacine.

Comme on peut le constater, la fiche nutritionnelle des insectes est assez impressionnante. Il n'est pas étonnant, dans ces conditions, que les insectes figurent au menu des humains depuis des temps immémoriaux. La question serait plutôt de savoir pourquoi ils n'y occupent pas davantage de place!

LA SANTÉ PAR LES INSECTES

À 98 ans, M. Zhongshan Yan parcourait encore à bicyclette les routes de sa province du Heilongjiang, en Chine. Sa vue et son ouïe étaient excellentes, et il débordait d'énergie. Quand des journalistes lui ont demandé de dévoiler le secret de sa longévité et de son étonnante vitalité, celui-ci a répondu sans hésiter: «Je mange des fourmis chaque jour!» Le fringant vieillard, comme des millions d'autres Chinois, attribue de grands pouvoirs thérapeutiques à ces insectes.

Les fourmis sont consommées à la fois comme aliment et comme médicament. Des pharmacopées anciennes, datant d'aussi loin que 100 à 200 ans après Jésus-Christ, font état de leur emploi dans divers traitements. La principale espèce utilisée aujourd'hui pour ses vertus médicinales, appelée *Polyrhachis vicina*, est aussi connue sous le nom de fourmi tisserande. On la prépare sous forme de sirop, d'alcool, de pâte et de poudre, tous vendus sans ordonnance.

En Chine, les fourmis sont considérées comme une véritable panacée. On les prescrit aux patients souffrant d'asthme, d'hépatite chronique, d'arthrite rhumatoïde, de déficience du système immunitaire, de mauvaise circulation sanguine et de dysfonctionnement du thymus et de la rate. Les fourmis augmenteraient l'appétit chez les malades atteints du cancer et réduiraient la douleur et les convulsions. Elles ralentiraient aussi le vieillissement chez les humains.

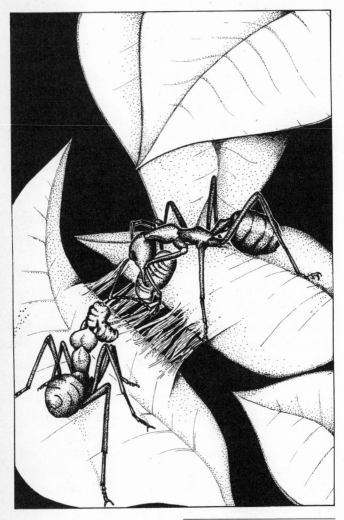

Fourmis tisserandes, 4 mm à 10 mm

Les gâteaux aux fourmis sont susceptibles de favoriser la longévité. Quant aux thés et aux alcools de fourmis, ils prodigueraient aux hommes vitalité et puissance sexuelle. Le vin de fourmis fortifierait la constitution, donnerait bonne mine et noircirait les cheveux.

Les Chinois montrent un réel engouement pour la consommation de fourmis à des fins médicinales. La vente de produits à base de ces insectes rapporterait environ 100 millions de dollars américains par année. De plus, un grand nombre de personnes récoltent elles-mêmes les fourmis dont elles se nourrissent. L'ampleur de la consommation de ces insectes pose aujourd'hui un problème de surexploitation de l'espèce. On craint en effet pour la survie de la fourmi tisserande, de même que pour l'équilibre écologique du milieu forestier où elle vit. Le prélèvement abusif des insectes, comme de n'importe quelle ressource naturelle, risque de compromettre l'équilibre complexe existant dans la nature.

Toujours en Chine, on vante les bienfaits du thé «chongcha», utilisé depuis longtemps dans les régions montagneuses de Guangxi, Funan et Guixhou. Ce breuvage, fabriqué à base d'excréments de chenilles de papillons de nuit *(Hydrillodes morosa)* et *(Aglossa dimidiata)*, préviendrait les crises cardiaques, favoriserait la digestion et soulagerait la diarrhée, les saignements de nez et les hémorroïdes.

Une autre chenille, appartenant cette fois à la famille des hépialides, serait à l'origine d'un coûteux mélange servi aux athlètes chinois durant leur entraînement. En mourant, la chenille produit un champignon du genre *Cordyceps*, qui est très riche en minéraux. Ces deux ingrédients, mêlés à des herbes, servent à fabriquer un puissant tonique. Les nageuses et les coureurs qui ont fait sensation lors des jeux internationaux ces dernières années devraient en partie leur succès à cette potion...

En Chine, même les blattes ont des propriétés médicinales! On conseille l'utilisation de ces «coquerelles» locales pour résoudre les problèmes de circulation sanguine. Si vous souffrez d'infections aux oreilles ou d'éruptions cutanées, on vous suggérera plutôt de faire bouillir des mues de cigales et de boire cette décoction.

Les Chinois comptent sans doute parmi les peuples qui ont développé le plus grand nombre d'applications thérapeutiques des insectes. Mais d'autres cultures ont aussi recours à ces arthropodes pour soigner diverses maladies. Quoique l'usage des plantes médicinales soit généralement plus répandu que celui des insectes, ces derniers occupent néanmoins une place de choix dans les médecines populaires traditionnelles.

Une recherche menée par Marques et Costa-Neto et portant sur 14 sites de travail, dans l'État d'Alagoas au Brésil, a permis de découvrir notamment que les populations locales faisaient usage de 35 espèces d'insectes à des fins thérapeutiques. L'usage intensif de 27 insectes par la seule communauté de Marituba do Peixe est particulièrement remarquable.

Un enfant souffre de coliques? On lui fait boire du thé de blattes. On attribue aussi à ces insectes le pouvoir de soigner l'épilepsie et l'alcoolisme. Un autre thé, fait à partir de termites celui-là, soulage de l'asthme. Enfin, les Brésiliens ont peut-être trouvé le remède miracle contre la calvitie! Il suffit de préparer une pâte en broyant une bonne quantité de mouches domestiques et de frotter ce mélange sur les crânes dégarnis.

La médecine moderne commence à s'intéresser à la chitine, une substance commune à tous les insectes. Ce produit, dont nous avons parlé précédemment, est un polymère qui se retrouve aussi dans la carapace des crustacés, dans la paroi cellulaire de certains champignons et chez certaines algues. La chitine a longtemps été utilisée pour guérir les blessures. L'un de ses dérivés, le chitosane, s'annonce des plus prometteurs.

Le chitosane favorise la guérison des brûlures en formant un film biocompatible qui prévient les infections bactériennes. Il faciliterait aussi certains types de greffes. De plus, le chitosane aurait la propriété d'empêcher l'organisme d'absorber le gras et le cholestérol. À cause de ses nombreux atouts, ce produit suscite beaucoup d'intérêt, non seulement dans le domaine de la médecine, mais aussi dans le monde de l'industrie et de l'agriculture.

Dans un autre ordre d'idées, on prête parfois aux insectes des pouvoirs presque magiques. Dans certains pays d'Afrique, les termites sont hissés au rang de symboles divins de la fécondité. Les reines prodigieusement fertiles sont offertes à manger aux hommes impuissants et aux femmes stériles. Par contre, selon les croyances véhiculées par d'autres tribus africaines, les hommes ne doivent absolument pas goûter ces grosses reines, sous peine de ne plus avoir d'enfants.

Au Mexique, la larve d'insecte déposée dans chaque bouteille de mezcal qui se respecte est censée donner un souffle de vie à l'alcool. Cette vitalité animale serait ensuite transmise aux buveurs.

Dans la région de Santander, en Colombie, les célèbres fourmis à gros derrière ne sont pas consommées uniquement pour leur goût. Seules les femelles de cette espèce finissent dans la poêle. Les mâles meurent peu après l'accouplement qui précède la période de la récolte. Le fait que leur cueillette ait lieu peu de temps après leurs activités sexuelles a valu à ces fourmis le surnom de *coprico*, ou «nourriture nuptiale». Avant même l'arrivée des conquérants espagnols en Amérique, les Colombiens conféraient à

ces insectes comestibles des vertus aphrodisiaques. Les
«pouvoirs» que possédaient les fourmis récoltées près du
stade sportif de Bucarmanga seraient particulièrement considérables. Il semble que la chasse aux insectes soit toujours
plus tumultueuse dans ce secteur...

On rapporte aussi que certains animaux seraient sensibles aux vertus aphrodisiaques des insectes. Un éleveur du
Botswana raconte que la purée de chenille ajoutée à la nourriture de son taureau lui aurait fait couvrir 80 vaches d'une
seule traite!

Des vérifications scientifiques permettront peut-être
un jour de distinguer, parmi les innombrables propriétés
thérapeutiques accordées aux insectes, celles qui tiennent
du mythe de celles qui correspondent à la réalité. Presque
tout reste à faire dans ce très vaste domaine de la recherche
médicale. Il serait particulièrement intéressant d'isoler et
d'identifier les composés chimiques précis ou les combinai-
sons de substances dont les effets sont reconnus. En attendant que ce souhait devienne réalité, la recherche démontre
clairement que les insectes occupent une place de choix
dans la médecine populaire de plusieurs groupes ethniques.

LES INSECTES DANS VOTRE ASSIETTE

On estime à plus de 500 le nombre d'espèces d'insectes consommées à travers le monde. Ces espèces se répartissent en plus de 260 genres et 70 familles. Mais, selon les spécialistes, ces chiffres seraient nettement sous-estimés. D'abord, il a été prouvé que plusieurs récits de voyages et même des études scientifiques n'ont pu tracer un portrait complet et précis de la récolte d'insectes comestibles effectuée par les populations observées. De plus, le fait que l'entomophagie soit souvent mal vue par les étrangers amène les habitants à dissimuler des informations à ce sujet. L'accès à d'autres aliments étant plus facile, certaines de ces coutumes risquent de se perdre avant même que nous ayons pu les répertorier et en bénéficier.

Mais en même temps, un vent contraire, chargé d'enthousiasme, souffle sur le monde de l'entomophagie contemporaine. En Amérique du Nord, une foule de curieux, petits et grands, goûtent à un insecte pour la première fois chaque année. La tendance pénètre même subrepticement les milieux les plus huppés et les plus conservateurs. On peut citer, comme preuve, l'énorme succès du banquet qui célébrait, en 1992, le centième anniversaire de la Société d'entomologie de New York. Au cours de ce Bug Banquet, les convives se sont délectés de trempette poivrée aux larves de ténébrions, de grillons tempura, de larves australiennes rôties et de punaises d'eau thaïlandaises sautées. Une torte chocolatée aux grillons couronnait le tout. Les invités, étonnés mais ravis, ont adoré l'expérience!

Depuis quelques années, les dégustations d'insectes ont permis à plusieurs personnes de s'initier sans douleur à l'entomophagie. Une information minimale et une préparation attrayante des insectes facilitent les premiers pas dans ce domaine mystérieux de la gastronomie. Une fois la porte franchie, l'esprit devient plus disponible pour saisir les multiples facettes de l'entomophagie.

Parmi les insectes comestibles les plus populaires, on remarque une préférence à travers le monde et au fil du temps pour les sauterelles, les grillons et les criquets, ainsi que pour les larves de coléoptères et les chenilles. Les insectes sociaux, comme les termites, les abeilles, les guêpes et les fourmis, se rangent aussi parmi les favoris, sous une forme ou une autre. Ce n'est pas sans raison que vous retrouverez quelques-uns d'entre eux dans les plats présentés plus loin.

En proposant ces recettes, nous sommes conscients de la difficulté que pose l'approvisionnement en insectes comestibles. De nos jours, ces aliments sont pratiquement introuvables sur le marché dans la plupart des pays occidentaux. C'est pourquoi nous proposons au chapitre suivant des techniques d'élevage propres à deux espèces de choix: le grillon domestique (page 114) et le ténébrion meunier (page 119). Ces insectes sont vendus dans les animaleries et certaines personnes les utilisent directement pour cuisiner. Par mesure de précaution, l'Insectarium de Montréal recommande aux amateurs d'éviter cette pratique et de consommer plutôt les produits de leurs élevages.

Et les insectes dans la nature? La récolte d'insectes sauvages peut s'avérer un bon mode d'approvisionnement, surtout pour les grillons, les sauterelles et les criquets. Mais il faudra vous assurer au préalable que vos secteurs de chasse n'ont pas été arrosés de pesticides ou d'autres produits chimiques. Cela peut s'avérer difficile et peut-être même inutile, car ces insectes sauteurs se déplacent pour se nourrir. Dans tous les cas, c'est en les élevant vous-même que vous serez le plus en mesure d'assurer la qualité des insectes que vous consommerez.

Les insectes comestibles sont absents des tablettes de nos épiceries, mais ce n'est pas le cas dans tous les pays du monde. Cherchez-les lors de vos escapades à l'étranger et demandez à vos amis globe-trotters de vous en rapporter. Des chenilles du mopane séchées, du vin de fourmis ou une boîte de chrysalides de vers à soie, voilà des souvenirs de voyage beaucoup plus originaux que le traditionnel t-shirt!

DES PLATS QUI NE PASSERONT PAS INAPERÇUS

Rien de tel, pour impressionner la galerie, que de servir quelques amuse-gueules aux insectes lors de votre prochain cocktail. Pointes de pizza aux ténébrions, bouchées de phasmes et d'endives et criquets à la mexicaine sortiront de leur grisaille les invités les plus blasés. Mais que ce soit pour étonner ou pour le pur plaisir de la chose, la gastronomie à base d'insectes mérite qu'on la fasse connaître.

L'imagination toujours fertile du chef Jean-Louis Thémis nous vaut ici quelques mets dont les arômes, les couleurs et les saveurs feront fondre les résistances de ceux qui font la fine bouche devant les insectes. Du potage au dessert, tout est là pour composer un repas complet, nutritif et succulent. Pour faciliter l'élaboration de votre menu, les recettes sont regroupées en fonction des insectes qui figurent sur la liste des ingrédients.

Les habitués de l'événement Croque-insectes, qui se déroule à l'Insectarium de Montréal, reconnaîtront quelques-unes des recettes alléchantes qui ont fait le succès de cette dégustation annuelle. Mais le chef Jean-Louis Thémis nous réserve aussi un menu plein de nouveautés toutes plus savoureuses les unes que les autres!

La gastronomie à base d'insectes se prête à de multiples fantaisies. N'hésitez pas à ajouter votre touche personnelle à ces recettes lorsque vous mettrez la main à la pâte. Dans le cas de plusieurs mets, il vous est possible de remplacer l'insecte proposé comme ingrédient vedette par celui que vous aurez à votre disposition. La sauce à spaghetti aux grillons, par exemple, ne perdra en rien son intérêt culinaire en se transformant en sauce aux larves de ténébrions.

Bon appétit!

LE TÉNÉBRION MEUNIER

Grande vedette des dégustations d'insectes, la larve du ténébrion meunier *(Tenebrio molitor)* peut s'apprêter de multiples façons. Elle remplace les noix, les raisins ou les brisures de chocolat dans les recettes de biscuits. Une fois réduite en poudre, elle peut s'ajouter à la farine, et elle se transforme facilement en une purée se prêtant à de multiples usages.

En plus de ses qualités gustatives et de sa valeur nutritive, cet insecte peut être obtenu dans les animaleries, ce qui contribue à l'engouement que manifestent pour lui les entomophages occidentaux. Depuis longtemps, en effet, les larves de ténébrions sont utilisées pour nourrir les amphibiens, les reptiles, les oiseaux, les poissons carnivores et autres animaux de compagnie plus ou moins exotiques. Elles servent aussi d'appâts pour la pêche. Avec des larves achetées en animalerie, il est facile de mettre sur pied un élevage maison assurant un approvisionnement constant en insectes comestibles (voir la technique d'élevage, page 119). Le ténébrion adulte est un petit coléoptère de couleur noire ou brun foncé. Son cycle vital comprend quatre stades de développement, mais seule la larve est couramment consommée.

La larve du ténébrion meunier est aussi connue sous le nom de «ver de farine». Cet insecte, considéré comme le plus grand ravageur de céréales entières et moulues, peut devenir une véritable peste lorsqu'il se multiplie à loisir dans les élévateurs, les minoteries et les stocks de grains. Dans ces milieux propices à la propagation de cet insecte, on repère les infestations grâce aux traces que laissent les larves dans la farine ou dans la poussière des grains.

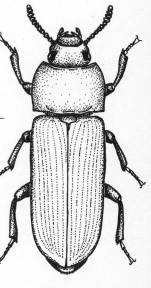

Voilà donc l'étrange transformation d'un insecte ravageur en un insecte comestible recherché! Dans l'avenir, la larve du ténébrion meunier sera, pour beaucoup de gens, davantage associée au souvenir d'une dégustation d'insectes qu'à celui d'un insecte nuisible. Il ne vous reste qu'à découvrir ses nombreux attraits culinaires.

*Adulte du ténébrion meunier
(environ 16 mm)
et larve (2 mm à 30 mm)*

Acras de larves de ténébrions

Les amateurs de cuisine antillaise retrouveront dans cette recette un petit goût de soleil et de vacances.
Donne 6 portions.

Ingrédients

60 ml	larves de ténébrions
250 ml	farine
15 ml	poudre à pâte
1	œuf
	Sel et poivre au goût
250 ml	eau froide
20 ml	huile végétale
15 ml	piment fort
1	gousse d'ail hachée
1	oignon moyen haché
5 ml	thym
2 ml	poudre de clou de girofle
	Huile à frire

Méthode

- Faire sécher les larves de ténébrions au four à 150 °C (300 °F) de 45 minutes à 1 heure.
- Former une fontaine avec la farine et mettre tous les ingrédients au centre, sauf les larves.
- Mélanger ces ingrédients jusqu'à l'obtention d'un mélange homogène. Ajouter les larves.
- Laisser reposer 1 heure, puis frire, une cuillerée à la fois. Servir avec une sauce pimentée.

Balluchons de larves de ténébrions

Sur un fond de musique classique, offrez cette entrée gastro-nomique à vos convives, qui ne resteront pas indifférents.
Donne 6 portions.

Ingrédients

15 ml	beurre
1	poireau émincé
1	gousse d'ail hachée
2	pincées de safran
15 ml	farine
30 ml	bouillon de volaille
15 ml	vin blanc
15 ml	crème à 35 %
	Sel et poivre au goût
45 ml	larves de ténébrions fraîches ou congelées
125 g	beurre
1	paquet de pâte phyllo

Méthode

- Faire fondre la première quantité de beurre dans une poêle et y faire suer le poireau, l'ail et le safran. Fariner. Mouiller avec le bouillon et le vin blanc.
- Laisser réduire complètement, puis ajouter la crème, le sel et le poivre. Faire réduire à nouveau et ajouter les larves à la préparation. Laisser refroidir.
- Faire fondre la deuxième quantité de beurre et en badigeonner une feuille de phyllo, couvrir d'une autre feuille et diviser en six rectangles. Placer au centre de chaque rectangle une cuillerée de farce et rabattre les extrémités de la pâte vers le centre, de façon à former un balluchon. Recommencer l'opération jusqu'à épuisement de la farce.
- Badigeonner les balluchons et les cuire au four à 160 °C (325 °F) de 7 à 10 minutes.

BOUDIN DE LARVES DE TÉNÉBRIONS

J'ai eu beaucoup de plaisir à créer cette recette. Donne 4 portions.

INGRÉDIENTS

200 g	pain blanc sec
	Quantité suffisante de lait
	pour faire tremper le pain
15 ml	huile de maïs
1	oignon haché
2	gousses d'ail hachées
2 ml	poudre de clou de girofle
3	branches de thym frais
1	piment fort haché
2	blancs d'œufs
15 ml	fécule de maïs
100 ml	larves de ténébrions
	fraîches ou congelées
6	branches de persil frais hachées
	Sel et poivre au goût
	Bouillon de volaille pour
	pocher

MÉTHODE

- Faire tremper le pain dans le lait.
- Chauffer l'huile et y faire revenir l'oignon, l'ail, le clou de girofle, le thym et le piment fort.
- Essorer le pain et le placer dans le bol d'un robot culinaire muni d'une lame. Ajouter les légumes sautés, les blancs d'œufs, la fécule de maïs, les larves de ténébrions et le persil. Assaisonner et réduire le tout en purée.
- Dans des boyaux de porc ou dans une pellicule plastique, former des boudins et cuire à la vapeur ou pocher dans le bouillon à feu doux, pendant une quinzaine de minutes.
- Servir avec une sauce de votre choix (aux tomates ou aux oignons, par exemple).

Chop suey aux larves de ténébrions

Un petit goût que vous ne retrouverez pas dans le quartier chinois! Donne 4 portions.

Ingrédients

15 ml	huile végétale
60 ml	larves de ténébrions fraîches ou congelées
1	gousse d'ail hachée
1	oignon émincé
5 ml	gingembre
1/2	poivron vert émincé
1/2	carotte en juliennes
125 ml	fèves germées
30 ml	sauce soja
2 ml	fécule de maïs
1	oignon vert émincé
	Quelques gouttes d'huile de sésame

Méthode

- Chauffer l'huile végétale dans un wok.
- Y faire revenir les larves de ténébrions, l'ail, l'oignon, le gingembre, le poivron vert, les juliennes de carottes et les fèves germées.
- Arroser de sauce soja.
- Lier avec la fécule préalablement diluée dans un peu d'eau froide.
- Garnir de l'oignon vert émincé.
- Parfumer d'un filet d'huile de sésame.

Pâtes aux larves de ténébrions

Délicieuses à toutes les sauces! Donne 4 portions.

Ingrédients

30 ml	poudre de larves de ténébrions
175 ml	farine
3 ml	sel
2	œufs
10 ml	huile d'olive

Méthode

- Faire sécher des larves de ténébrions au four à 150 °C (300 °F) de 45 minutes à 1 heure. Les réduire en poudre dans le bol d'un robot culinaire muni d'une lame.
- Mesurer 30 ml de poudre d'insectes et la verser dans un bol à mélanger.
- Ajouter la farine et le sel. Mélanger.
- Battre les œufs et l'huile et les verser graduellement sur les ingrédients secs.
- Former une boule que vous laisserez reposer 30 minutes. Abaisser au laminoir ou au rouleau et tailler selon vos désirs.
- Cuire les pâtes à l'eau salée et les servir accompagnées de beurre et d'une sauce aux tomates.

Note: Pour varier, remplacer les ténébrions par des grillons.

Pizza aux larves de ténébrions

Peut aussi s'adapter à votre recette maison.
Donne de 2 à 4 portions.

Ingrédients

1	croûte à pizza de 30 cm de diamètre, non garnie
15 ml	huile d'olive
1	oignon haché
1	gousse d'ail hachée
2	branches d'origan ou de thym frais hachées
2	tomates émondées, hachées
5 ml	pâte de tomates
	Sel et poivre au goût
	Quantité suffisante de larves de ténébrions fraîches ou congelées
	Quelques olives noires dénoyautées, émincées
	Quantité suffisante de fromage mozzarella râpé

Méthode

- Chauffer l'huile et y faire revenir l'oignon, l'ail et, au choix, l'origan ou le thym.
- Ajouter les tomates hachées et la pâte de tomates.
- Assaisonner et laisser réduire sur un feu doux, 5 ou 6 minutes.
- Garnir la croûte à pizza de cette sauce. Parsemer de larves de ténébrions, d'olives noires et de fromage.
- Cuire dans un four préchauffé à 200 °C (400 °F) et servir lorsque le fromage est fondu et légèrement gratiné.

TERRINE DE LARVES DE TÉNÉBRIONS AUX LÉGUMES

Si, comme plusieurs, vous avez délaissé la charcuterie à cause du gras qu'elle contient, cette terrine, beaucoup moins riche, fera votre délice.

INGRÉDIENTS

15 ml	huile d'olive
1/2	oignon haché
1	gousse d'ail hachée
1	carotte pelée et râpée
1	branche de céleri hachée
2 ml	d'origan
150 ml	larves de ténébrions fraîches ou congelées
10 ml	rhum brun
250 ml	pois chiches cuits
1	pomme de terre crue coupée en petits cubes de 2 cm
1	œuf
3	branches de persil hachées
	Sel et poivre au goût

MÉTHODE

- Chauffer l'huile et y faire revenir l'oignon, l'ail, la carotte, le céleri et l'origan.
- Lorsque le tout est devenu transparent, ajouter les larves et faire flamber au rhum.
- Mettre les pois chiches, la pomme de terre, l'œuf et le persil dans le bol d'un robot culinaire muni d'une lame et broyer jusqu'à obtention d'une purée.
- Ajouter les légumes sautés à la purée, puis assaisonner.
- Transvider dans un moule rectangulaire de 12 cm x 24 cm et cuire au bain-marie au four à 180 °C (350 °F), de 45 à 60 minutes.

Biscuits aux larves de ténébrions et aux épices

Une petite collation riche en protéines et qui se prend bien entre amis pour accompagner le thé ou le café.
Donne 24 biscuits.

Ingrédients

45 ml	larves de ténébrions
300 g	beurre
150 ml	sucre
2 ml	poudre de clou de girofle
2 ml	poivre moulu
5 ml	vanille
3	œufs
350 ml	farine

Méthode

- Faire sécher les larves au four à 150 °C (300 °F) de 45 minutes à 1 heure. Réduire en poudre.
- Ramollir le beurre. Ajouter le sucre, le clou de girofle, le poivre et la vanille. Bien travailler le tout.
- Ajouter les œufs. Lorsque le mélange est homogène, incorporer la farine et la poudre de larves.
- Badigeonner de gras une plaque à biscuits et dresser les biscuits en forme d'étoile à l'aide d'une poche à pâtisserie munie d'une douille cannelée.
- Cuire au four à 190 °C (375 °F) de 15 à 20 minutes.

LES CRIQUETS, LES GRILLONS ET LES SAUTERELLES

De tout temps, les insectes sauteurs appartenant à l'ordre des orthoptères ont fait partie de l'alimentation humaine. De nombreux exemples, tirés des quatre coins du globe, montrent que les criquets, les grillons et les sauterelles sont consommés autant comme nourriture de survie que comme délice gastronomique. Dans l'histoire de l'Islam, les textes rapportent que les femmes du prophète Mahomet offraient à ce dernier des paniers de criquets. Les aristocrates de la Rome antique faisaient apprêter des criquets au miel à l'intention de leurs convives, lors de banquets somptueux.

Plus près de chez nous, les tribus amérindiennes de l'Ouest de l'Amérique du Nord se nourrissaient, en périodes d'abondance, de criquets, de grillons et de sauterelles. On rapporte que cette coutume alimentaire a été en vigueur au moins jusqu'au début du XXe siècle. Certains groupes avaient même mis au point des techniques de chasse efficaces leur permettant d'amasser de grandes quantités de ces insectes sauteurs, qu'ils consommaient après les avoir grillés sur place ou qu'ils conservaient comme réserve alimentaire.

Plus récemment, en 1994, les responsables gouvernementaux des Philippines ont incité la population à capturer les milliers de criquets *Locusta migratoria* qui s'étaient abattus de façon inattendue dans plusieurs secteurs. Pris par surprise, les fermiers n'avaient pu utiliser les insecticides pour combattre l'invasion. Les habitants ont alors participé à une vaste chasse aux criquets. Pour encourager la population à consommer ses prises, un concours de cuisine à base de criquets a été organisé. L'une des préparations favorites était le «locust adobo»: les criquets sont débarrassés de leurs pattes et de leurs ailes, bouillis dans l'eau puis frits dans l'huile. Les insectes croustillants sont servis accompagnés de tomates et d'oignons rouges. Un vrai régal, selon les consommateurs qui en redemandent.

Au Québec et ailleurs en Amérique du Nord, le grillon domestique *(Acheta domestica)* est l'une des rares espèces

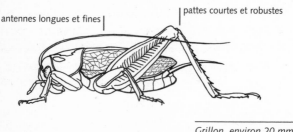

antennes longues et fines | | pattes courtes et robustes

Grillon, environ 20 mm

d'insectes à faire aujourd'hui l'objet de préparations culinaires. Enrobés de chocolat, marinés à l'orientale ou cuits au four sous forme de biscuits, les grillons sont très appréciés lors des dégustations publiques. Comme le ténébrion meunier, le grillon domestique se vend dans les animaleries. Il sert également de nourriture à divers animaux de compagnie. Cet insecte doit son nom à son habitude de s'établir dans nos maisons, ainsi que dans les entrepôts et autres édifices. De couleur brunâtre, le grillon domestique est une espèce introduite, bien connue pour son «chant» qui est toutefois

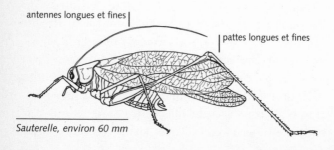

antennes longues et fines | | pattes longues et fines

Sauterelle, environ 60 mm

l'apanage des mâles. Pour une description des conditions de son élevage, voir la page 114. Grâce à cette activité, vous serez en mesure de faire provision de ces insectes pour réaliser les recettes qui suivent.

Les illustrations de la page précédente et celle présentée ci-dessous mettent en évidence les caractéristiques permettant de différencier les grillons des sauterelles et des criquets. Partout dans le monde, les différentes espèces possèdent sans doute d'importantes qualités nutritives. Une étude menée en Thaïlande sur les insectes comestibles révèle la valeur nutritive du grillon *Gryllus bimaculatus*.

100 g du grillon «Gryllus bimaculatus»

121,5	kcal
12,9 g	de protéines
5,5 g	de lipides
75,8 mg	de calcium
185,3 mg	de phosphore
9,5 mg	de fer
0,36 mg	de vitamine B_1
1,91 mg	de vitamine B_2
3,1 mg	de niacine

Mais comme tous les autres insectes comestibles, les grillons, les sauterelles et les criquets sont d'abord appréciés pour leur goût. À vous d'en faire l'essai!

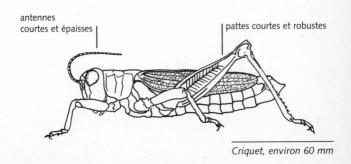

antennes courtes et épaisses

pattes courtes et robustes

Criquet, environ 60 mm

CHAMPIGNONS FARCIS AUX GRILLONS

Cette recette peut être servie en entrée
ou en accompagnement d'un plat.
À votre guise. Donne 24 bouchées.

INGRÉDIENTS

24	champignons
2	branches d'aneth hachées
2	branches de persil hachées
1	oignon moyen haché
250 g	fromage en crème
24	grillons frais ou congelés
	Sel et poivre au goût

MÉTHODE

- Nettoyer et équeuter les champignons. Réserver les têtes.
- Mettre les queues de champignons, l'aneth, le persil, l'oignon et le fromage dans le bol d'un robot culinaire muni d'une lame, et réduire le tout en purée.
- Assaisonner.
- Placer un grillon dans chaque tête de champignons.
- À l'aide d'une poche à pâtisserie munie d'une douille, couvrir ces derniers de la purée et cuire au four à 180 °C (350 °F) pendant 20 minutes.

Grillons à l'orientale

À déguster lorsqu'on a un petit goût d'exotisme.
Donne 6 portions.

Ingrédients

125 ml	sauce soja
2 ml	poudre d'oignon
2 ml	poudre d'ail
2 ml	poudre de gingembre
5 ml	poivre
10 ml	poudre de cinq-épices chinoises
30 ml	miel
24	grillons frais ou congelés

Méthode

- Mélanger tous les ingrédients, sauf les grillons.
- Faire macérer les grillons dans ce mélange pendant 15 minutes.
- Préchauffer le four à 180 °C (350 °F), puis l'éteindre.
- Égoutter les grillons. Les placer sur une grille et les laisser sécher au four pendant quelques heures.

GRILLONS DU PARLEMENT

Ce plat des plus inusités a fait sensation chez nos parlementaires. Donne 4 portions.

INGRÉDIENTS

250 ml	grillons, frais ou congelés
15 ml	jus de citron
2 ml	sauce Tabasco
2 ml	poudre d'origan
	Sel et poivre au goût
	Huile à frire

MÉTHODE

- Mélanger les grillons, le jus de citron, la sauce Tabasco, l'origan, le sel et le poivre.
- Chauffer l'huile et frire le tout jusqu'à ce que les grillons soient croustillants.

Grillons en cachette

Cherchez et vous trouverez! Donne 24 bouchées.

Ingrédients

24	grillons
1	recette de pâte à choux
15 ml	huile d'olive
1	oignon haché
6	champignons hachés
1	gousse d'ail hachée
1	branche de thym frais hachée
2	gouttes de sauce Worcestershire
2	gouttes de sauce piquante (Tabasco ou autre)
	Sel au goût
6	branches de persil hachées

Méthode

- Faire sécher les grillons au four à 150 °C (300 °F) de 25 à 30 minutes.
- Avec la pâte à choux, former deux douzaines de profiteroles de 3 cm de diamètre et les cuire au four à 200 °C (400 °F). Retirer après une vingtaine de minutes de cuisson ou lorsqu'ils sont dorés. Laisser en attente.
- Dans une poêle, chauffer l'huile d'olive et y faire suer l'oignon, les champignons, l'ail et le thym. Laisser évaporer l'eau de cuisson.
- Assaisonner de sauce Worcestershire, de sauce piquante et de sel.
- Ajouter les grillons et le persil.
- Farcir chaque profiterole en s'assurant d'y loger un grillon.

SAMOSAS AUX GRILLONS

Ces chaussons vous apporteront un petit goût de l'Inde.
Donne 4 portions.

INGRÉDIENTS

250 ml	grillons
30 ml	huile végétale
1	oignon haché
2	gousses d'ail hachées
	Gingembre frais haché, au goût
5 à 15 ml	poudre de cari
1	branche de thym frais hachée
4	oignons verts émincés
	Sel et poivre au goût
1	paquet de feuilles de rouleaux de printemps
	Huile végétale à frire
	Quartiers de citron en accompagnement

MÉTHODE

- Faire sécher les grillons au four à 150 °C (300 °F) de 25 à 30 minutes.
- Chauffer l'huile. Y saisir l'oignon, l'ail, le gingembre, la poudre de cari et le thym.
- Hors du feu, ajouter les grillons et les oignons émincés.
- Assaisonner la farce.
- Tailler des bandes de 10 à 12 cm de largeur dans les feuilles de rouleaux.
- Placer un peu de farce à une extrémité des bandes et les plier, de façon à obtenir des triangles.
- Frire les samosas jusqu'à ce qu'ils soient dorés et servir avec des quartiers de citron.

Sauce à spaghetti aux grillons

Peut s'apprêter aussi à toutes les pâtes. Si! Si! Si!
Donne 4 portions.

Ingrédients

250 ml	grillons
30 ml	huile d'olive
2	gousses d'ail hachées
1	oignon haché
4	champignons émincés
2	branches de thym frais hachées
3	feuilles de basilic frais hachées
1	feuille de laurier
30 ml	pâte de tomates
4	tomates émondées, hachées
30 ml	vin rouge
	Sel et poivre au goût

Méthode

- Faire sécher les grillons au four à 150 °C (300 °F) de 25 à 30 minutes.
- Chauffer l'huile. Y faire revenir l'ail, l'oignon, les champignons, le thym, le basilic et le laurier.
- Ajouter la pâte de tomates, les tomates et le vin. Laisser mijoter à feu doux pendant 10 minutes. Assaisonner et ajouter les insectes. Cuire encore 5 minutes et servir généreusement sur des spaghettis.

N.B.: Vous pouvez utiliser d'autres insectes comme les criquets, les larves de ténébrions ou les chrysalides de vers à soie.

Sushi de grillons

Donne 24 bouchées.

Ingrédients

24	grillons
250 ml	riz japonais
375 ml	eau
10 ml	sel
40 ml	vinaigre de riz
30 ml	sucre à glacer
1	paquet de feuilles de nori
1	concombre anglais coupé en bâtonnets
1	avocat pelé et coupé en lanières

Méthode

- Faire sécher les grillons au four à 150 °C (300 °F) de 25 à 30 minutes.
- Laver le riz jusqu'à ce que l'eau soit limpide et le laisser égoutter dans une passoire fine.
- Verser le riz dans une casserole, ajouter l'eau et le sel et couvrir hermétiquement.
- Porter à ébullition et réduire le feu. Cuire environ 20 minutes.
- Pendant ce temps, mélanger le vinaigre au sucre.
- Incorporer ce mélange au riz cuit.
- Placer une quantité de riz à l'extrémité d'une feuille de nori. Garnir le centre d'un bâtonnet de concombre et d'avocat. Rouler et tailler des rondelles de 1,5 cm d'épaisseur. Garnir chaque rondelle d'un grillon.

Grillons au chocolat

Un dessert mémorable! Donne 24 bouchées.

Ingrédients

24   grillons
250 ml   chocolat mi-amer

Méthode

- Faire sécher les grillons au four à 150 °C (300 °F) de 25 à 30 minutes.
- Pendant ce temps, faire fondre le chocolat au bain-marie.
- Plonger les grillons séchés un à un dans le chocolat et laisser figer sur du papier ciré.

N.B.: Vous pouvez employer d'autres insectes, comme les criquets ou les chrysalides de vers à soie.

Quatre-quarts aux épices et aux grillons

Comme la recette de grand-mère, plus on en mange, plus on l'aime! Donne 12 portions.

Ingrédients

100 ml	grillons
125 ml	beurre en pommade
125 ml	sucre
3	gros œufs
125 ml	farine tamisée
5 ml	poudre à pâte
2 ml	cannelle moulue
2 ml	poivre moulu
45 ml	lait

Méthode

- Faire sécher les grillons au four à 150 °C (300 °F) pendant 25 à 30 minutes. Les broyer dans le bol d'un robot culinaire muni d'une lame.
- Mélanger le beurre et le sucre à l'aide d'un batteur électrique.
- Incorporer les œufs un à un, sans cesser de battre.
- Lorsque le sucre est bien dissous et que le mélange a pris une consistance homogène, ajouter la farine, la poudre à pâte, les épices et les grillons broyés.
- Ajouter le lait sans trop travailler le mélange.
- Verser dans un moule de 12 cm x 24 cm graissé et cuire dans un four chauffé à 180 °C (350 °F) pendant 45 minutes, ou jusqu'à ce qu'un couteau inséré dans la préparation en ressorte sec.

BISQUE DE CRIQUETS

Je vous propose ici un potage qui fera rougir les homards.
Donne 4 portions.

INGRÉDIENTS

15 ml	huile d'olive
1	oignon émincé
1	gousse d'ail hachée
1	branche de thym frais hachée
1	feuille de laurier
24	criquets frais ou congelés
10 ml	cognac
15 ml	farine
15 ml	pâte de tomates
500 ml	bouillon de volaille
1	bouquet garni
30 ml	crème à 35 %

MÉTHODE

- Dans une casserole, chauffer l'huile. Y faire revenir l'oignon, l'ail, le thym, le laurier et les criquets.
- Flamber au cognac et laisser réduire à feu doux.
- Ajouter la farine et la pâte de tomates et bien mélanger.
- Mouiller avec le bouillon, puis ajouter le bouquet garni. Couvrir et laisser mijoter 45 minutes.
- Passer le tout au mélangeur électrique, crémer et servir.

Bouchées de pattes de criquets et de phasmes

J'ai créé cette recette pour récupérer les pattes des insectes que je faisais sécher: en entomophagie, rien ne se perd! Donne 24 bouchées.

Ingrédients

250 ml	pattes de criquets et de phasmes
30 ml	huile d'olive
1	oignon moyen haché
1	gousse d'ail hachée
1/4	poivron rouge haché
6	champignons hachés
15 ml	vin blanc
6	branches de persil frais hachées
30 ml	graines de sésame grillées
	Sel et poivre au goût
1 paquet (500 g)	pâte feuilletée commerciale
1	œuf battu

Méthode

- Faire sécher les pattes au four à 150 °C (300 °F) pendant environ 15 minutes.
- Mettre les pattes dans le bol d'un robot culinaire muni d'une lame et broyer, jusqu'à obtention d'une poudre granuleuse. Réserver.
- Dans une poêle, chauffer l'huile d'olive et y faire revenir l'oignon, l'ail, le poivron et les champignons.
- Ajouter la poudre de pattes broyées et mouiller avec le vin blanc.
- Laisser réduire complètement. Ajouter le persil haché et les graines de sésame.
- Assaisonner la farce.
- Abaisser la pâte à 3 mm d'épaisseur et découper des cercles de 5 cm de diamètre.

- Y déposer un peu de farce. Badigeonner le pourtour avec l'œuf battu et plier la pâte en deux pour former des demi-cercles. Répéter l'opération jusqu'à épuisement des ingrédients.
- Badigeonner les pâtés du reste d'œuf battu et cuire au four à 180 °C (350 °F) de 12 à 15 minutes.

CRIQUETS À LA MEXICAINE

L'amuse-gueule le plus populaire de Croque-insectes!
Donne 4 portions.

INGRÉDIENTS

12	criquets frais ou congelés
	Huile d'arachide à frire
2 ml	origan
	Jus d'un quart de citron
	Tabasco au goût
	Sel au goût

MÉTHODE

- Faire frire les criquets dans l'huile préalablement chauffée à 160 °C (325 °F).
- Lorsqu'ils sont rouges et croustillants, sortir les criquets de la friture et enlever le surplus de gras à l'aide d'un papier absorbant. Assaisonner d'origan, de jus de citron, de Tabasco et de sel.
- Servir les criquets sur des feuilles de laitue.

LES INSECTES SOCIAUX

On donne le nom d'insectes sociaux aux espèces qui vivent en colonies organisées. Contrairement à d'autres espèces considérées comme plus primitives, ces insectes présentent des caractéristiques qui témoignent d'une longue évolution. Les termites, les fourmis et certaines espèces de guêpes et d'abeilles forment ainsi des sociétés plus ou moins complexes.

Chez ces insectes, la répartition stricte du travail a donné naissance à des groupes sociaux, ou castes. Les individus appartenant à ces différents groupes possèdent généralement des caractéristiques physiques communes qui les aident à mieux accomplir leurs tâches. Il existe ainsi, dans chacune de ces castes, une spécialisation des fonctions des différents individus. Par exemple, seules deux castes, celles des mâles et des reines, sont affectées à la reproduction de l'espèce. Les autres membres de la colonie sont stériles. Certains d'entre eux assurent la défense du nid; chez les termites par exemple, ils sont souvent armés de puissantes mandibules. Pour accomplir correctement leur travail, les insectes sociaux ont développé divers modes de communication visuels, tactiles et chimiques.

La vie en colonies comporte de nombreux avantages, dont l'un des plus importants est la protection accrue qui en résulte pour le groupe.

Les termites

Les termites, qui appartiennent à l'ordre des isoptères, forment les sociétés les plus complexes du monde animal. Ils construisent d'immenses nids, les termitières, qui peuvent abriter des millions d'individus. Chacun de ces abris très sophistiqués constitue le domaine d'une reine termite qui, sous les Tropiques, peut atteindre le diamètre d'une saucisse

Francfort et mesurer jusqu'à dix centimètres de longueur. L'énorme abdomen de cette mère royale est gorgé d'œufs, ce qui l'empêche de se mouvoir.

La termitière héberge aussi d'autres «monarques» secondaires, et en particulier le roi, qui joue un rôle essentiel dans la fécondation de la reine. Mais elle abrite surtout un vaste contingent d'ouvriers, mâles et femelles, et une impressionnante armée de soldats, formée également d'individus des deux sexes.

Les termites se nourrissent de bois et certaines espèces peuvent causer de graves dommages aux habitations. Ils mangent aussi plusieurs végétaux cultivés dans les régions tropicales, comme le sorgho, le mil, la patate douce et le maïs. Inversement, de nombreux habitants de ces régions se nourrissent de diverses espèces de termites.

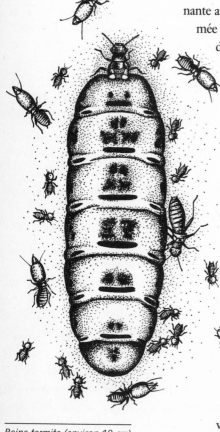

Reine termite (environ 10 cm)
et ses ouvrières

Dans le nord-est de la Thaïlande, les jeunes termites mâles et femelles de l'espèce *Termes flavicole* s'envolent du nid au début de la saison des pluies pour se reproduire. Il est facile de capturer ces termites ailés au moyen d'un piège lumineux ou d'un filet placé à l'ouverture du nid. On les mange frits dans l'huile et salés, après leur avoir enlevé les ailes. Pour profiter plus longtemps de ces insectes au goût de noisettes, les amateurs les font sécher au soleil pour les conserver.

Les reines termites font l'objet de rites culinaires particuliers dans quelques régions d'Afrique. On les donne à manger aux femmes stériles et aux hommes à la virilité défaillante. Au Congo, les termites occupent une place importante dans l'économie du pays, car ils sont vendus dans plusieurs marchés. Les peuples de la savane de l'Afrique de l'Ouest récoltent et mangent des termites lors de la saison des pluies. En Afrique de l'Est, ces insectes sont si appréciés que certaines personnes s'approprient les termitières, qu'elles laissent en héritage à leurs descendants. Les lipides contenus dans certains termites sont une source de gras très convoitée.

Les fourmis

Comme les abeilles et les guêpes, les fourmis appartiennent à l'ordre des hyménoptères. Il existe des centaines d'espèces de ces insectes sociaux à travers le monde. Plusieurs d'entre elles ont développé d'étonnantes spécialités: certaines élèvent des pucerons, alors que d'autres cultivent des champignons ou constituent des réservoirs de miel vivants.

Établie dans une vaste fourmilière, chaque colonie de fourmis est généralement issue d'une seule reine, qui passe sa vie à pondre. La structure de la colonie est plus ou moins complexe selon les espèces, mais on y trouve toujours des insectes destinés à assurer l'approvisionnement du groupe en nourriture et d'autres chargés de la défense de la fourmilière.

Ces insectes sont souvent consommés au stade adulte, mais les nymphes, parfois considérées à tort comme des œufs, sont aussi comestibles. Au Mexique, où les insectes font partie de la gastronomie traditionnelle, la récolte des nymphes de fourmis rouges *(Liometopum apiculatum)* procure un salaire d'appoint aux *campesinos*. Ces paysans recherchent activement les *maguey*, c'est-à-dire des agaves dont les racines abritent souvent une fourmilière. Ils creusent dans le sol pour en extraire les nymphes, connues là-bas sous le nom d'*escamoles*. Si quelques-unes sont dégustées sur place, comme une gourmandise de luxe, la plupart des nymphes sont vendues à des distributeurs, qui les offrent ensuite à des restaurateurs privilégiés. Il en coûte environ 20 dollars américains pour un plat de 500 à 1000 *escamoles* dans les restaurants à la page où l'entomophagie traditionnelle est à l'honneur.

Nous avons vu dans un chapitre précédent que les fourmis prennent une grande importance dans la pharmacopée chinoise. Ces insectes ont acquis la réputation de guérir les maux les plus divers. C'est pourquoi ils font l'objet d'un marché fort lucratif.

En Thaïlande, on saupoudre des fourmis rouges adultes dans les casseroles pour ajouter une touche acide au poisson et au poulet bouilli. Les larves et les nymphes de ces insectes se mangent souvent crues.

Les fourmis constituent aussi un aliment très recherché en Colombie. Le fameux caviar de Santander, composé de *hormigas culonas*, est une denrée saisonnière assez coûteuse. Dans ce même pays, d'autres fourmis du genre *Atta*, dites coupeuses de feuilles, sont rôties et servies comme du maïs soufflé dans les cinémas. Il y a quelques années, on trouvait même sur les tablettes des épiceries fines américaines de grosses fourmis en conserve importées de Colombie. Un entrepreneur original avait eu l'idée de recouvrir ces insectes de chocolat. Malheureusement, la demande n'a pas suffi à assurer l'approvisionnement. Avec l'engouement croissant pour l'entomophagie, peut-être pourra-t-on de nouveau nous régaler de ces bonbons aux fourmis!

Les guêpes

Les guêpes ne vivent pas toutes en société. Les espèces qui sont organisées en colonies offrent davantage d'intérêt pour la consommation, car leur récolte pose beaucoup moins de problèmes, étant donné le grand nombre d'individus qu'on peut trouver dans chaque nid.

Les Japonais raffolent de ces insectes. Les larves, les nymphes et les adultes de la guêpe *Vespula lewisi*, préparés avec de la sauce soja et du sucre, sont devenus une spécialité de la préfecture de Nagano. Dans plusieurs épiceries du Japon, on peut se procurer ces conserves, qui contiennent environ 65 grammes d'insectes, pour l'équivalent d'environ 8 dollars américains l'unité.

En plus de servir à la préparation de plats raffinés, les guêpes sont aussi consommées pour leurs propriétés thérapeutiques. La médecine chinoise les recommande pour soigner les troubles des organes internes et pour prévenir le vieillissement. Ces insectes riches en protéines contiendraient 10 fois plus de fer et de vitamines du groupe B que les autres aliments.

Afin d'assurer leur approvisionnement en guêpes, les Japonais de Nagano ont mis au point une technique de chasse très efficace. Ils attirent ces insectes à l'aide d'une grenouille morte. Les guêpes repèrent le cadavre et préparent des morceaux de viande en vue de les transporter au nid. À cette étape, les chasseurs substituent à la viande une petite boulette préparée à l'avance et attachée à un fil de soie. La guêpe ne se rend compte de rien et s'envole avec cette boulette vers le nid souterrain. Le fil de soie permet de suivre l'insecte jusqu'à l'entrée de son terrier, qui sera enfumé pour paralyser ses occupants. On creuse alors dans le sol pour récolter les guêpes immobilisées.

Les guêpes sont également appréciées en Amérique. Dans le nord-ouest du Guatemala, un petit groupe de Mayas se nourrit des nymphes des guêpes *Polistes*, qui construisent des nids de papier. Il existe une croyance voulant que les femmes qui mangent ces insectes donneront naissance à des enfants aux grands yeux, comme ceux des nymphes. Dans la région du Yucatan, au Mexique, les larves de guêpes sont rôties, mêlées à du jus d'orange et des piments forts, puis servies dans des tacos.

Les abeilles

Le miel est le seul aliment de consommation courante en Occident qui est produit par un insecte. Pourtant ses qualités nutritives sont limitées, car le miel contient surtout des hydrates de carbone, substances qui sont surreprésentées dans notre alimentation. Mais l'abeille domestique *(Apis mellifera)* pourrait nous livrer bientôt un autre produit aux qualités nettement supérieures: le couvain d'abeilles.

On donne le nom de couvain aux larves et aux nymphes logées dans les alvéoles de la ruche. Dans plusieurs pays, ces insectes immatures sont consommés à cause de leur agréable goût de noix, leur texture intéressante et leur valeur alimentaire.

Au Népal, les «chasseurs de miel» rapportent aussi de leurs expéditions le couvain qui sert à préparer le *bakuti*.

On apprête ce mets recherché avec les larves et les nymphes d'une abeille géante, *Apis laboriosa*, qui vit en haute altitude dans les contreforts de l'Himalaya. Pour extraire les insectes, il faut placer les rayons remplis de couvain dans un sac de tissu que l'on écrase ensuite avec les mains. On chauffe et on remue délicatement le mélange liquide qui est recueilli. Après cinq minutes, le *bakuti* prend la consistance des œufs brouillés, auxquels les Népalais ajoutent divers ingrédients.

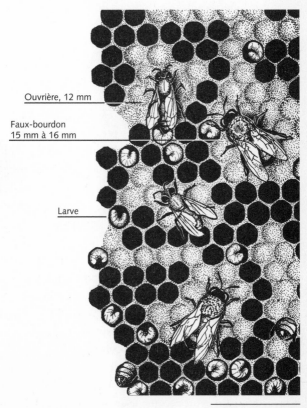

Ouvrière, 12 mm

Faux-bourdon
15 mm à 16 mm

Larve

Abeilles domestiques

En Thaïlande, on prépare le couvain d'abeilles directement dans les rayons de cire. Les morceaux sont enveloppés dans une feuille de bananier et cuits à la vapeur. Le résultat est sans doute moins intéressant que la recette népalaise, car il faut mâcher et recracher constamment la cire... Au Japon, le couvain d'abeilles prêt à consommer consiste en une préparation de nymphes d'abeilles frites et assaisonnées de sauce soja, puis mises en conserve.

Ce pourrait devenir très intéressant pour les apiculteurs nord-américains et européens de récolter le couvain à des périodes stratégiques. Des tests effectués à l'Université de l'Alberta ont démontré que les larves et les nymphes de l'abeille domestique possèdent toutes les qualités requises pour produire un aliment de choix. Les nymphes d'abeilles fraîches contiennent 18 p. 100 de protéines, constituent une source importante de vitamine A et sont une vraie mine d'or en vitamine D. De plus, elles présentent un faible taux de cholestérol. Lors des tests, les goûteurs ont comparé leur saveur à celle des noix de Grenoble, des graines de tournesol et même des Rice Krispies!

En Amérique comme en Europe, certains apiculteurs des régions froides détruisent une partie de leurs abeilles, adultes et immatures, à l'arrivée de l'hiver. Des tonnes de protéines sont ainsi perdues chaque année. La commercialisation du couvain d'abeilles pourrait mettre à profit une denrée qui, autrement, continuera d'être gaspillée.

D'ici à ce qu'il soit offert sur le marché, le couvain d'abeilles peut être obtenu par l'entremise d'un apiculteur, qui pourra vous offrir des cadres contenant des larves parvenues à un stade avancé, ainsi que des nymphes. Gardez les cadres congelés jusqu'à ce que vous soyez prêt à les utiliser. À moins d'avoir recours à un apiculteur qui s'y connaît, il vous faudra extraire le couvain vous-même. Les larves et les nymphes auront meilleur goût si vous les préparez le jour même.

Les abeilles mâles, ou faux-bourdons, ne possèdent pas de glande à venin et sont comestibles. Dans la colonie, leur rôle consiste à s'accoupler avec la reine lors du vol nuptial. Il faut en moyenne 7 ou 8 faux-bourdons pour assurer l'ensemencement de la reine.

ATTENTION!

Des abeilles ouvrières adultes entrent dans la composition de quelques recettes de biscuits. Ces insectes pourraient toutefois provoquer chez certaines personnes des réactions allergiques, comme des irritations de la gorge. Le Dr James K. Ryan, alors qu'il était rattaché à l'Université de l'Alberta, a démontré par ses travaux que les toxines contenues dans le venin d'abeilles sont plus stables qu'on aurait pu le croire. Après avoir fait cuire des glandes à venin au four, au micro-ondes et dans l'eau bouillante, le chercheur a observé que diverses composantes actives du venin n'étaient pas dénaturées. Celles-ci pourraient encore provoquer des réactions chez les personnes sensibles. On évitera donc de servir des mets contenant des abeilles ouvrières adultes lors de dégustations publiques.

Trempette de couvain d'abeilles

Une trempette irrésistible.

Ingrédients

100 ml	couvain d'abeilles
250 ml	crème sure
250 g	fromage à la crème
2	pincées de safran
3	branches de persil hachées

Méthode

- Cuire le couvain d'abeilles au bain-marie jusqu'à obtention d'une consistance semblable à celle des œufs brouillés. Laisser refroidir.
- Lorsque le couvain aura refroidi, placer tous les ingrédients dans le bol d'un robot culinaire muni d'une lame et les réduire en un mélange homogène.
- Servir en trempette avec des crudités.

Choux à la crème de couvain d'abeilles

*Ce dessert a fait le bonheur des petits et des grands
lors de l'événement Croque-insectes 1996.
Donne 24 petits choux.*

Ingrédients

1	recette de pâte à choux
250 ml	couvain d'abeilles
500 ml	crème Chantilly
	Sucre à glacer, pour saupoudrer les choux

Méthode

- Avec la pâte, former 24 petits choux et cuire dans un four à 200 °C (400 °F) pendant 30 minutes.
- Cuire le couvain d'abeilles au bain-marie jusqu'à obtention d'une consistance semblable à celle des œufs brouillés. Laisser refroidir.
- Mélanger le couvain à la crème Chantilly et, à l'aide d'une poche à pâtisserie, farcir les choux et les saupoudrer de sucre à glacer.

Tartelettes au couvain d'abeilles

Cinq mille tartelettes se sont envolées comme un essaim d'abeilles lors de Croque-insectes 1996.
Donne 12 tartelettes.

Ingrédients

1	recette de pâte brisée ou sucrée
250 ml	crème à 35 %
100 ml	sucre
30 ml	farine
60 ml	couvain d'abeilles

Méthode

- Foncer des moules de 6 cm de diamètre et, à l'aide d'une fourchette, en piquer le fond.
- Cuire les fonds de tartelettes au four à 180 °C (350 °F) pendant 10 minutes et réserver.
- Laisser tiédir la crème.
- Dans une casserole, mélanger le sucre, la farine et le couvain d'abeilles.
- Verser la crème sur le mélange et le faire frémir quelques secondes.
- Verser le tout dans les moules foncés et cuire au four à 180 °C (350 °F) pendant 40 minutes.

Carrés au riz et aux faux-bourdons

Variation sur un thème populaire: des carrés aux Rice Krispies enrichis de délicieux faux-bourdons qui feront la joie des enfants. Donne 24 bouchées.

Ingrédients

750 ml faux-bourdons
50 ml beurre
250 g guimauve
2 ml vanille
750 ml Rice Krispies

Méthode

- Faire sécher les faux-bourdons au four à 150 °C (300 °F) pendant 15 minutes.
- Faire fondre le beurre dans une casserole. Ajouter la guimauve et remuer jusqu'à ce qu'elle soit fondue et homogène. Ajouter la vanille.
- Ajouter les faux-bourdons déshydratés et les Rice Krispies.
- Verser dans un moule rectangulaire de 28 cm x 34 cm préalablement beurré ou tapissé de pellicule plastique, égaliser et laisser refroidir.
- Découper en carrés.

CHENILLES, PUNAISES GÉANTES
ET AUTRES CURIOSITÉS

Des chenilles très populaires

Dans la seule région du sud du Zaïre, en 1980, les chercheurs Malaisse et Parent ont identifié 35 espèces de chenilles couramment utilisées dans l'alimentation locale. Un peu partout en Afrique, ces larves riches en nutriments divers figurent au menu, dans la cuisine traditionnelle. Parmi les nombreuses espèces de chenilles comestibles répertoriées, la plus appréciée est sans doute la chenille du mopane, *Gonimbrasia belina*.

«Mopane» est le nom de l'arbre qui porte les feuilles dont cette chenille se nourrit. Ces arbres sont donc très recherchés quand vient le temps de la récolte des insectes. Les chenilles doivent être cueillies tôt le matin, avant qu'elles ne grimpent vers le feuillage trop élevé. Malgré cet inconvénient mineur, leur récolte est assez facile et permet d'amasser rapidement de grandes quantités de larves.

Au début des années 1980, le commerce annuel des chenilles du mopane s'élevait à 1 600 tonnes en Afrique du Sud. Cette quantité, déjà impressionnante, exclut néanmoins les chenilles récoltées et consommées directement par les gens. On estime qu'une personne habituée peut ramasser 20 kilos de chenilles du mopane en une heure. Des industries locales ont tiré profit de cette abondance saisonnière. Dans le commerce, les *mansonjas* sont vendues fraîches, en conserve ou séchées. On les ajoute au ragoût ou on les mange telles quelles, comme les arachides. Les mères offrent même à leurs enfants des chenilles crues fraîchement cueillies. Les tout-petits apprécient beaucoup cette gourmandise qui est très nourrissante. La consommation d'une quinzaine de chenilles par jour fournit à un adulte les doses de calcium, de fer et de riboflavine dont il a besoin.

Les *mansonjas* font partie du régime alimentaire habituel de la population du Botswana, du Zimbabwe, de Namibie et du nord de l'Afrique du Sud. On les considère à la fois comme une ressource alimentaire et une ressource financière, car elles jouent un rôle économique important dans plusieurs régions où sévit la pauvreté.

La grande popularité de la chenille du mopane pourrait cependant compromettre sa survie. Des études récentes montrent en effet une baisse marquée des populations, et même leur disparition dans certains secteurs. Des chercheurs se penchent sur la possibilité de créer des élevages de ces chenilles afin d'en maintenir l'approvisionnement, tout en préservant la survie de l'espèce.

Punaise géante pour gourmets avertis

Une grosse punaise d'eau, appelée *Lethocerus indicus,* fait le délice des amateurs, qui comparent son goût à celui du fromage gorgonzola. Cet insecte prédateur de la famille des bélostomatides atteint de 60 à 80 mm de longueur et vit dans les milieux aquatiques de plusieurs pays d'Asie du Sud-Est. On le consomme en Inde, au Laos, au Viêtnam, en Indonésie, en Chine, en Birmanie et en Thaïlande.

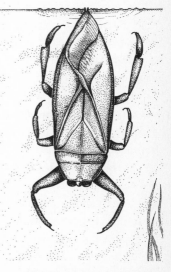

*Le léthocère d'Amérique (*Lethocerus americanus*) est une espèce très semblable à la punaise d'eau géante* Lethocerus indicus.

Dans ce dernier pays, le très populaire *mangda*, ou *malaeng daa*, est récolté et commercialisé sous diverses formes. À Bangkok, la meilleure saison pour s'en procurer s'étend d'octobre à mars. Les punaises mâles, plus petites, sont vendues plus cher que les femelles à cause de leur odeur distinctive qui est recherchée par les vrais amateurs.

100 g de la punaise géante «Lethocerus indicus»

162,3	kcal
19,8 g	de protéines
8,3 g	de lipides
43,5 mg	de calcium
225,5 mg	de phosphore
13,6 mg	de fer
0,9 mg	de vitamine B_1
1,5 mg	de vitamine B_2
3,9 mg	de niacine

La punaise géante se consomme de différentes façons: rôtie, à la vapeur ou marinée dans la sauce de poisson. On l'apprête aussi fréquemment en la broyant pour faire une pâte épicée contenant, entre autres ingrédients, de l'ail, de la sauce de poisson, des piments forts et du jus de lime. Ce mélange, le «nam prik mangda», est servi sur du riz et en trempette avec des légumes. On en trouve parfois dans les épiceries asiatiques de Californie, où les clients thaïlandais et laotiens l'accueillent avec enthousiasme. Sur les étiquettes de pâte et d'autres produits importés contenant les punaises d'eau, la liste des ingrédients inscrite en langue anglaise ne mentionne toutefois pas la présence de l'insecte...

De la soie et plus encore

Avant de se transformer en papillon, la chenille de *Bombyx mori* tisse son cocon à l'aide d'un fil très résistant. Ce fil, qui peut atteindre 1 500 mètres de longueur, est celui qui

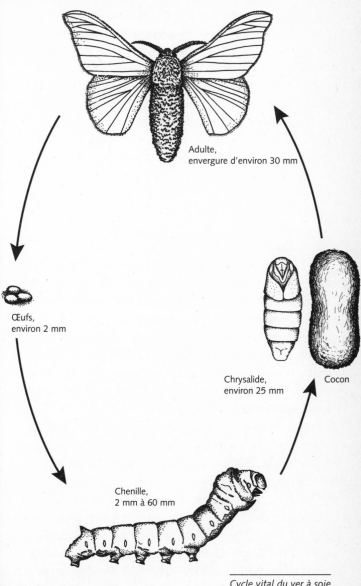

Adulte,
envergure d'environ 30 mm

Œufs,
environ 2 mm

Chrysalide,
environ 25 mm

Cocon

Chenille,
2 mm à 60 mm

Cycle vital du ver à soie

sert à fabriquer les superbes tissus de soie. Ce produit de luxe, convoité à travers le monde depuis des siècles, a fait du ver à soie l'insecte dont l'élevage a été le plus longuement perfectionné. La domestication de cet insecte a été si poussée que *Bombyx mori* ne pourrait aujourd'hui survivre dans son milieu naturel. À cause d'une sélection artificielle sévère, le papillon a perdu son aptitude à voler.

Une fois son cocon terminé, le ver à soie parvient au stade de la nymphe, aussi appelée chrysalide chez les lépidoptères. À ce stade, de puissantes hormones agissent sur l'insecte pour préparer sa métamorphose en papillon. Mais bien peu d'individus atteindront le stade adulte, car c'est à ce moment que l'on recueille les cocons afin d'amorcer la récupération de la soie.

Les cocons sont ébouillantés pour faciliter le dévidage des fils de soie. Dans certaines régions, les fileuses chargées de ce travail se nourrissaient traditionnellement des chrysalides qui tombaient dans l'eau à mesure que les cocons se défaisaient. Elles bénéficiaient ainsi de savoureuses bouchées chaudes et nutritives. En Inde seulement, on estime que 20 000 tonnes de chrysalides sont ainsi disponibles chaque année, comme sous-produit de la soie, sans qu'aucun effort supplémentaire soit nécessaire.

Dans le nord-est de la Thaïlande, on apprête avec du sel et de la pâte de piment fort les chrysalides qui sont récoltées dans l'industrie de la soie. Les insectes ainsi conservés sont vendus au marché, où l'on en obtient un bon prix.

En Chine, les chrysalides sont aussi conservées dans le sel et commercialisées. Elles peuvent également être séchées au soleil. Au printemps, alors que la production atteint son maximum, on cuit au four de grandes quantités de chrysalides. Pour les manger, il suffit de les faire tremper dans l'eau puis de les frire en ajoutant de l'oignon et de la sauce, ou encore de les mêler à des œufs pour en faire une omelette.

Certains restaurants de Chine et du Japon servent des chrysalides frites, dont on vante le goût semblable à celui des noix d'acajou.

Lorsqu'elles ne sont pas consommées par les humains, les chrysalides de vers à soie servent à nourrir la volaille et le poisson dans les élevages. Il est certainement préférable d'employer ainsi ces insectes plutôt que de perdre cette importante ressource nutritive.

100 g de chrysalides de vers à soie «Bombyx mori»

98	kcal
9,6 g	de protéines
5,6 g	de lipides
41,7 mg	de calcium
155,4 mg	de phosphore
1,8 mg	de fer
1,5 mg	de vitamine B_2

«ZANADANDY MIENDY» OU
CHRYSALIDES DE VERS À SOIE SAUTÉES

*Voici une recette que ma mère nous servait lorsque j'étais
enfant. Encore aujourd'hui, dans les rues de Madagascar, des
femmes en offrent aux passants.
Donne 4 portions.*

INGRÉDIENTS

24	chrysalides de vers à soie fraîches ou congelées
	Sel, poivre et thym au goût
60 ml	huile d'olive

MÉTHODE

- Faire blanchir les chrysalides de vers à soie pendant
  10 minutes et les égoutter.
- Assaisonner.
- Dans une poêle, chauffer l'huile et y faire revenir les
  chrysalides, jusqu'à ce qu'elles soient croustillantes.
- Servir sur un lit de laitue ou de riz.

Des insectes bâtons bien croquants

Le corps mince et allongé des phasmes imite à s'y méprendre les branches et les brindilles sur lesquelles ils vivent. Leur surnom d'insectes bâtons, ou *walking sticks* en anglais, convient à ravir à ces maîtres du mimétisme. Durant la journée, ils se camouflent en restant presque immobiles dans la végétation, de façon à échapper à leurs prédateurs. Les phasmes sont souvent plus actifs durant la nuit; ils profitent alors de la noirceur pour se déplacer et manger des feuilles, qui constituent l'essentiel de leur alimentation.

Extatosoma tiaratum femelle, *130 mm*

Baculum extradentatum, *100 mm*

Des textes du XVIIIe siècle établissent que certaines espèces de phasmes étaient mangées à cette époque en Malaisie. Au Sarawak, sur l'île de Bornéo, on rapporte que les œufs de phasmes sont très appréciés par les populations locales. Les Chinois de Malaisie élèvent aussi des phasmes pour recueillir leurs excréments qui seraient dotés de pouvoirs curatifs. L'infusion de ces excréments donnerait un thé souverain qui traiterait des maux aussi divers que l'asthme et les douleurs musculaires.

À l'Insectarium de Montréal, les espèces élevées pour les dégustations de Croque-insectes ont pour noms Baculum extradentatum, originaire d'Asie, et Extatosoma tiaratum, qui vit en Australie et en Nouvelle-Guinée. Ces insectes sont nourris de feuilles de goyavier. Il semble que ce régime leur confère un goût particulièrement savoureux.

BOUCHÉES DE PHASMES ET D'ENDIVES

Ce plat est tellement bon et esthétique qu'il a eu droit à deux pages dans l'édition française du magazine Playboy. *Donne 24 bouchées.*

INGRÉDIENTS

250 g	fromage à la crème
50 ml	yogourt nature
3	branches de persil frais hachées
1/4	poivron rouge pelé et haché
2 ml	poudre d'oignon
1	gousse d'ail hachée
	Jus d'un quart de citron
	Sel et poivre au goût
3	grosses endives
24	phasmes en bretzel (voir recette p. 101)

MÉTHODE

- Dans le bol d'un robot culinaire muni d'une lame, placer le fromage, le yogourt, le persil, le poivron, la poudre d'oignon, l'ail, le jus de citron, le sel et le poivre. Réduire en une pommade homogène.
- Verser le mélange dans une poche à pâtisserie munie d'une douille cannelée.
- Garnir chaque feuille d'endive de cette préparation et y déposer un phasme en bretzel.
- Dresser sur un plateau et servir.

Phasmes en bretzel

Délicieux avec l'apéro!
Donne 24 bouchées.

Ingrédients

1	blanc d'œuf
100 ml	eau froide
24	phasmes frais ou congelés
	Gros sel concassé

Méthode

- Bien mélanger le blanc d'œuf et l'eau.
- Y plonger les phasmes, puis les égoutter. Les déposer sur une grille et saupoudrer de gros sel.
- Placer au four à 120 °C (250 °F) jusqu'à ce qu'ils soient complètement déshydratés, ce qui prend de 12 à 15 minutes.

SALADE TIÈDE AUX PHASMES

Un petit air printanier, été comme hiver!
Donne 4 portions.

INGRÉDIENTS

16	phasmes
	Quantité suffisante de mesclun (mélange de différentes laitues: feuilles de chêne, mini-frisée, mâche, endives, etc.)
45 ml	huile d'olive
15 ml	vinaigre balsamique
	Sel et poivre au goût
	Quelques fleurs comestibles (si possible)

MÉTHODE

- Faire sécher les phasmes au four à 150 °C (300 °F) de 12 à 15 minutes.
- Répartir le mesclun dans 4 assiettes.
- Garnir de 4 phasmes.
- Dans une poêle, faire tiédir l'huile, le vinaigre et les assaisonnements, et verser sur les laitues.
- Garnir de quelques fleurs comestibles.

DES INSECTES PRÊTS-À-MANGER

Si vous n'avez pas de talent particulier pour la cuisine, vous pouvez tout de même trouver des insectes prêts à être consommés. Il vous faudra être à l'affût des événements, passer une commande à l'étranger ou prévoir un petit voyage, mais le plaisir n'en sera que plus grand!

LES DÉGUSTATIONS PUBLIQUES

Les dégustations publiques sont l'une des meilleures façons de s'initier à l'entomophagie. Les établissements reconnus qui organisent des dégustations mettent habituellement au menu une variété de mets alléchants qui sont confectionnés à partir d'espèces d'insectes sélectionnées. Ils donnent l'occasion au public de prendre quelques bouchées aux saveurs différentes et de se familiariser ainsi avec la texture et le goût des insectes.

Bien que ces initiatives soient encore peu nombreuses en Amérique du Nord, quelques organismes mettent parfois à leur programme une dégustation d'insectes. Ces événements sont très courus depuis quelques années. Chez nos voisins du Sud, le Cincinnati Zoo Insectarium et l'Insect Zoo, rattaché au San Francisco Zoological Gardens, comptent parmi les endroits où les visiteurs peuvent avoir l'occasion de se mettre un insecte sous la dent.

En Ontario, le Musée canadien de la nature inscrit aussi à son programme, depuis quelques années, des dégustations d'insectes. Au Québec, la première initiative du genre a été prise par le musée Lyman de l'Université McGill. La Maison des insectes du Jardin zoologique de Québec a également tenté l'expérience avec succès, et ce à plusieurs reprises. L'Insectarium de Montréal est cependant, à ce jour, le seul établissement québécois à offrir, lors de ses dégustations d'insectes, un menu aussi élaboré et diversifié.

Depuis 1993, l'événement Croque-insectes bat son plein durant quelques semaines, en février et en mars. Plus de 20 000 visiteurs s'empressent alors de venir déguster les spécialités classiques et les nouveautés entomologiques qui figurent au menu, et ce nombre s'accroît chaque année. Petits et grands, néophytes et habitués, tous trouvent là une occasion unique de se régaler d'insectes. Il n'est pas rare d'y voir de nouveaux initiés, parfois très jeunes, s'empresser de convaincre parents et amis de partager l'expérience. Dans ce climat de plaisir, de gastronomie et d'éducation à l'entomophagie, manger un insecte pour la première fois devient (presque!) facile.

Si vous désirez participer à une dégustation publique, surveillez la publicité présentée dans les médias.

Vous souhaitez organiser une dégustation d'insectes?

L'Insectarium de Montréal reçoit chaque année plusieurs demandes de renseignements et de services de la part d'établissements et d'organismes désireux de tenir des dégustations d'insectes. Il n'existe malheureusement à ce jour aucun service de traiteur proposant des spécialités préparées à base d'insectes. Les éleveurs ne produisent pas non plus d'insectes destinés spécifiquement à la consommation humaine, conformément aux normes d'hygiène en vigueur. La demande croissante incitera peut-être des entrepreneurs audacieux à commercialiser de tels produits.

D'ici à ce que ces services soient instaurés, les organismes qui veulent se lancer dans l'aventure doivent eux-mêmes prévoir toutes les étapes de l'organisation de leur dégustation et en assumer la responsabilité. Il n'est pas nécessaire de se fixer des objectifs très ambitieux au début. Le premier événement permet de mettre au point des techniques de gestion d'une dégustation publique et d'ajuster le tir lors des reprises, s'il y a lieu. Les recettes contenues dans ce volume vous permettront de concocter un menu adapté à vos besoins.

Prévoyez votre activité longtemps à l'avance! L'organisation d'une dégustation publique demande une longue préparation. À l'Insectarium de Montréal, l'événement Croque-insectes occupe chaque année à lui seul presque tout le personnel durant quelques mois, sans compter le travail assuré par des collaborateurs extérieurs. Vous aurez besoin d'un permis alimentaire, ce qui implique de vous soumettre aux règles en vigueur dans ce domaine. Pour obtenir ce permis au Québec, vous devrez vous adresser à la Direction générale de la qualité des aliments et de la santé animale du ministère de l'Agriculture, des Pêcheries et de l'Alimentation du Québec (MAPAQ).

Les éléments de base d'une dégustation d'insectes sont, bien sûr, les insectes! Il faut prévoir les quantités nécessaires de chaque espèce sélectionnée et organiser l'approvisionnement en conséquence. Les larves de ténébrion meunier et les grillons domestiques constituent un bon choix, car ces insectes se multiplient facilement. Les laboratoires de l'Insectarium de Montréal font l'élevage de plusieurs espèces pour les dégustations de croque-insectes.

On confie à des collaborateurs extérieurs, qui n'offrent pas ces services sur une base commerciale, la production de certaines autres espèces. La division de l'inspection des aliments de la Communauté urbaine de Montréal (CUM) a mis au point un service d'inspection spécial, chargé de vérifier l'état des insectes destinés à la consommation humaine. Pour ce faire, l'expertise du personnel de l'Insectarium de Montréal a été mise à contribution à diverses occasions.

Pour la préparation des plats de Croque-insectes, l'Insectarium de Montréal bénéficie des services d'un chef cuisinier réputé et d'un personnel spécialisé qui a reçu une formation à l'Institut de tourisme et d'hôtellerie du Québec. Une équipe de bénévoles dynamiques assure le service des milliers de bouchées individuelles. Le personnel de l'institution voit à rassurer les visiteurs qui en sont à leur première expérience et à transmettre au public diverses informations portant sur l'entomophagie et sur les insectes consommés.

Comme le règlement l'exige dans le domaine de l'alimentation, les aliments, le matériel et les diverses activités reliées à la dégustation font l'objet de vérifications de la part des services d'inspection municipaux ou du MAPAQ, selon la région où vous habitez. Lorsque vous organisez une dégustation dans votre établissement, le personnel affecté à la préparation et au service des plats doit respecter des règles d'hygiène strictes, qui vous seront communiquées par le MAPAQ. Le matériel employé pour la préparation, la cuisson et le stockage des aliments est aussi soumis à des normes précises, tout comme la température des appareils réfrigérants et des réchauds utilisés, s'il y a lieu.

Grâce à une publicité originale et bien ciblée, votre dégustation attirera un public enthousiaste, prêt à franchir les barrières gastronomiques. La curiosité, les rires et l'étonnement qui fusent dans ce genre d'événement valent bien les efforts investis!

Si vos ambitions sont plus modestes et que vous désirez plutôt organiser une dégustation entre amis, les étapes à suivre sont à peu près identiques à celles que nous venons d'énumérer. Oubliez le permis alimentaire et les visites d'inspection, mais veillez quand même à vous approvisionner auprès d'un fournisseur qui consentira à modifier ses pratiques d'élevage en acceptant, par exemple, d'appliquer des règles d'hygiène plus sévères et de modifier le régime alimentaire des insectes. L'idéal reste encore de faire vous-même l'élevage des insectes que vous consommerez. Pourquoi ne pas mettre les invités à contribution? Apportez votre vin... et vos insectes!

SOUVENIRS DE VOYAGES

Lorsqu'on s'éloigne de la réalité quotidienne, l'esprit d'aventure nous gagne et il devient plus facile d'essayer de nouveaux aliments. En cherchant un peu (parfois un peu plus!), vous trouverez des insectes comestibles dans les supermarchés, les petites épiceries, les marchés en plein air, les restaurants ou les étals de rue de plusieurs régions d'Asie, d'Afrique, d'Amérique latine et d'Australie.

Aux États-Unis, vous pourrez peut-être mettre la main sur des insectes en conserve dans les marchés asiatiques de certaines grandes villes. Mais le meilleur endroit pour déguster des insectes aux États-Unis est sans contredit le très chic Insect Club, situé en plein cœur de Washington, dans le district de Columbia. À la fois restaurant et club de nuit, cette boîte unique en son genre met les insectes en vedette de plus d'une façon. D'énormes mantes religieuses y font office de portiers, une chenille de plus de 10 mètres de long est accrochée au plafond et des candélabres en forme d'araignées éclairent la table de billard. Le menu affiche des larves de ténébrion Rockefeller, des bouchées au beurre d'arachide et aux grillons enrobées de chocolat, des chimichangas aux ténébrions et des petits pains aux grillons. Grâce à la nouveauté créée par ses spécialités à six pattes, l'Insect Club a bénéficié d'une avalanche de publicité, et en particulier d'un article éloquent dans le magazine *People*. Bref, voilà un endroit à ne pas manquer!

Un peu plus au sud, le Mexique est probablement le pays au monde où l'on consomme le plus d'espèces d'insectes, soit environ 40 p. 100 des 500 espèces connues. L'entomophagie possède une longue histoire dans ce pays, où les insectes sont apparus dans la cuisine à l'époque préhispanique, ou précolombienne. Cette gastronomie redevient à la mode depuis quelques années.

C'est à Mexico, près du marché La Merced, situé dans le quartier historique, que l'on trouve le plus célèbre des restaurants servant cette cuisine. Le Don Chon offre à ses clients des plats d'insectes dont les prix varient de 20 à 30 dollars américains. La popularité se paie! À l'autre extrémité de la ville, les insectes figurent au menu des restaurants Le Riscal et La Casa del Leon. À Tlaxcoapan, on cherchera les restaurants El Prendes, Las Meninas et Delmonicos.

Parmi les spécialités de ces établissements, on peut citer les *escamoles*, ces nymphes de fourmis rouges qui, une fois bouillies, ressemblent à du fromage cottage, le *ahuahutle*, ou caviar mexicain, qui se compose d'œufs d'insectes aquatiques de l'ordre des hémiptères, et enfin les *gusanos rosados del maguey* et les *gusanos blancos del maguey*, deux chenilles qui se nourrissent d'agaves. Ces dernières sont parfois consommées vivantes. Certains considèrent le fait de manger des *gusanos* comme un rite de passage pour ceux qui veulent s'initier à l'histoire ancienne du pays...

Au Japon, l'arrivée de l'automne marque l'apparition du *inago*, la sauterelle *Oxya japonica*. Cet insecte comestible est si populaire là-bas qu'on peut se le procurer prêt-à-manger dans les supermarchés et les kiosques des gares. Parmi les autres insectes préférés des Japonais, on trouvera des conserves de guêpes, de chrysalides de vers à soie et de *zazamushi*, un mélange de larves d'insectes aquatiques comprenant des trichoptères et des libellules. Le district de Nagano est l'un des bons endroits pour se procurer ces conserves.

Quelques restaurants spécialisés dans la cuisine des «Alpes japonaises» offrent aussi des insectes. Au Shinshu-Sakagura, situé dans le district Shinjuku de Tokyo, on trouve au menu plusieurs insectes, dont les cigales frites. Dans la ville d'Ikebukuro, le propriétaire du restaurant Kisoji précise que la plupart des clients commandent des plats d'insectes. Il semble que le goût des insectes fraîchement préparés soit nettement supérieur à celui des insectes en conserve.

Les touristes qui voyagent en Chine pourront aussi déguster des plats à base d'insectes dans au moins un restaurant de Beijing et un autre de Shanghai. Ce dernier ne manque pas de sérieux, puisqu'il est financé en partie par l'Institut d'entomologie de Shanghai. Si ces restaurants spécialisés ne figurent pas sur votre itinéraire, vous pourrez vous procurer un peu partout l'un des nombreux produits alimentaires et thérapeutiques à base de fourmis. Qui sait, peut-être aident-ils vraiment à rester jeune?

Vos périples dans les divers pays du Sud-Est asiatique ne manqueront pas de vous amener devant un restaurant ou un étal servant des criquets, des grillons, des punaises d'eau géantes ou des termites. À vous de tenter l'expérience.

En Australie, les produits préparés à base d'insectes importés d'Asie sont assez fréquents. Mais pour goûter un plat local, cherchez les rares restaurants qui offrent les fameux *witchetty grubs*, ces grosses chenilles de papillons de nuit appréciées par les aborigènes.

L'Afrique vous réserve aussi de nouvelles aventures gastronomiques avec ses marchés garnis de chenilles, de termites et de criquets. Mais peut-être est-ce un peu trop exotique? Dans ce cas, passez par la Colombie, où vous pourrez regarder un bon film en mangeant tranquillement des fourmis frites. Ces insectes sont plus nourrissants que le maïs soufflé!

LES INSECTES COMESTIBLES DANS LA NATURE

C'est l'été, il fait un temps superbe, mais votre belle aventure de plein air se transforme soudain en cauchemar... Vous voilà perdu en forêt, sans que des secours puissent vous parvenir avant quelques jours. Il faut vous organiser pour survivre! À moins d'être un chasseur émérite et, de surcroît, d'être équipé adéquatement, ne dépensez pas votre énergie à tenter de capturer un gros animal, qu'il vous faudra ensuite dépecer et faire cuire. Les insectes sont là, prêts à être mangés et remplis d'éléments nutritifs.

L'évocation de cette situation, assez improbable pour la plupart d'entre nous, n'est qu'un prétexte pour aborder ce qu'on pourrait appeler «l'entomophagie de terrain». Chaque année, l'Insectarium de Montréal reçoit des demandes de troupes de scouts et d'amateurs de survie en forêt, désireux de tout savoir sur les insectes comestibles qui vivent dans nos milieux.

On ne connaît, au Québec, aucune espèce indigène qui peut être consommée de façon traditionnelle. *Les Relations des Jésuites* datées de 1638-1639 mentionnent toutefois l'usage de «petites mouches d'eau» pour assaisonner la sagamité, ce mets traditionnel amérindien. Par contre, on trouve aujourd'hui une grande variété d'insectes qui possèdent les caractéristiques des espèces comestibles. Voici quelques règles générales qui guideront vos choix. Il y a, bien sûr, des exceptions à toutes les règles, mais les conseils qui suivent rendront votre chasse plus sûre.

• Consommez de préférence des insectes herbivores, dont le corps est souvent de couleur brune ou verte, ou d'une teinte intermédiaire entre ces deux couleurs. Les insectes très pâles et les larves d'une seule couleur comptent aussi, généralement, parmi les plus comestibles.

• Ne mangez pas d'insectes aux couleurs brillantes, qui affichent du rouge ou de l'orangé, par exemple. La parure de ces insectes constitue souvent un signal visuel qui annonce leur toxicité aux prédateurs. Les toxines qui causent des malaises aux oiseaux ou aux mammifères peuvent aussi être dommageables pour les humains.

• Évitez les insectes poilus ou armés d'épines. Ils peuvent causer des irritations car ces excroissances contiennent parfois des substances urticantes.

• Récoltez uniquement des insectes vivants et qui vous semblent en santé. Consommez-les au plus tôt. Une fois morts, les insectes se détériorent rapidement.

À moins d'être réellement en situation de survie, abstenez-vous de manger des insectes ramassés dans des secteurs soumis à l'épandage de produits chimiques. Les abords des lignes à haute tension, en particulier, sont à éviter pour cette raison.

N'hésitez pas à recracher tout spécimen dont le goût vous semble douteux ou qui provoque des irritations dans la bouche ou la gorge. Et retenez bien l'allure de cet insecte, afin d'éviter de répéter une mauvaise expérience! Sans aller jusqu'à provoquer la mort, les toxines produites par les insectes peuvent causer des désagréments plus ou moins sérieux. La bonne nouvelle, c'est que, comme nous l'avons signalé, les espèces à éviter arborent souvent des couleurs vives ou diverses formes de «piquants» peu appétissants. Les insectes qui possèdent des glandes à venin, comme les abeilles et les guêpes, ne sont pas recommandés.

De façon générale, les grillons, les sauterelles et les criquets constituent un choix sûr. Les chenilles, les autres larves, ainsi que les nymphes pâles à peau nue sont aussi recommandables. Avec un peu d'expérience, vous arriverez à reconnaître les espèces qui vous conviennent, et même celles dont vous aimez la saveur.

L'ÉLEVAGE ET LA PRÉPARATION DES INSECTES COMESTIBLES

Il suffirait de peu de choses pour que nous puissions, d'ici quelques années, trouver du couvain d'abeilles, des chrysalides de vers à soie ou des fourmis en conserve dans les épiceries fines. Mais l'apparition d'un comptoir d'insectes frais, à proximité des fruits et des légumes dans nos supermarchés, n'est sans doute pas pour demain. Pour avoir ces aliments sous la main, la meilleure façon aujourd'hui consiste à les produire vous-même. Heureusement, l'élevage des insectes comestibles n'est pas aussi exigeant que celui du bœuf, du porc ou du poulet! L'équipement est simple et peu coûteux, et à moins de vouloir produire de grandes quantités d'insectes, il nécessite peu d'espace. De plus, ces petits animaux de «ferme» sont si propres et si peu bruyants que vos voisins ne se douteront de rien. Voilà l'élevage urbain par excellence!

Les deux élevages proposés ici ont fait leurs preuves et sont faciles à réaliser. Les espèces choisies, soit le grillon domestique et le ténébrion meunier, se reproduisent rapidement et ne nécessitent pas de soins compliqués. Ces élevages sont très bien adaptés à une expérience qui se déroule en famille ou en milieu scolaire. Plusieurs groupes d'élèves du primaire les ont déjà mis sur pied avec succès. En plus de fournir des insectes comestibles, la préparation et l'entretien de ces fermes d'élevage miniatures constituent une activité scientifique complète et riche en découvertes.

Le matériel que nous suggérons ici permet la production d'une quantité suffisante d'insectes pour préparer une dégustation entre amis ou, à l'occasion, une recette à base d'insectes. Il ne s'agit pas d'élevages destinés à satisfaire les besoins de base en protéines animales de toute une famille. Si tel est votre objectif, il vous sera facile de l'atteindre en augmentant l'espace et le matériel en conséquence, tout en respectant les règles propres à chacun des élevages.

Vous trouverez les premières têtes de votre cheptel dans une bonne animalerie. Grillons et ténébrions sont élevés depuis des années pour nourrir les reptiles, les souris et autres petits animaux de compagnie. Il n'est cependant pas recommandé de manger ces insectes, car on ignore la qualité des aliments dont ils se nourrissent et leurs conditions d'élevage. Considérez plutôt cette génération de départ comme le groupe des parents qui donneront naissance aux insectes que vous pourrez consommer.

L'ÉLEVAGE DU GRILLON DOMESTIQUE

Le grillon domestique, ou *Acheta domestica*, doit son nom au fait qu'on le trouve souvent à l'intérieur des maisons. À moins que vous en disposiez d'une bonne quantité chez vous et que vous ayez la patience de les capturer, il sera plus facile de commencer votre élevage en vous approvisionnant à l'animalerie du quartier. Votre expérience aura de meilleures chances de succès si vous débutez avec une dizaine d'individus au minimum. Assurez-vous de vous procurer autant de mâles que de femelles. On peut reconnaître ces dernières à la structure allongée qu'elles portent au bout de l'abdomen. Il s'agit de l'oviposite. Cet organe permet à la femelle de pondre ses œufs sous la surface du sol.

Le vivarium

La propreté est essentielle à la réussite de votre élevage. Procurez-vous un contenant facile à nettoyer, hermétique et bien ventilé. Choisissez-le transparent pour que vous puissiez observer les insectes. Un vivarium de verre ou un aquarium recyclé, pourvu d'un couvercle muni d'un grillage métallique assez fin, convient parfaitement.

La taille du contenant est l'un des facteurs qui peut limiter la productivité de votre élevage. On recommande donc de ne pas dépasser la norme d'un grillon par 2,5 cm². Un vivarium de 90 litres ou l'équivalent de 75 cm x 30 cm x 30 cm peut ainsi abriter une population de 300 à 500 grillons.

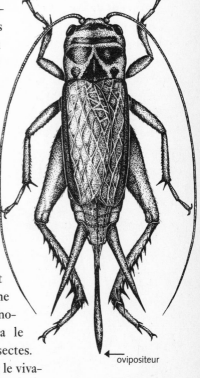

Le comportement des grillons est influencé par les vibrations et par l'éclairage. Le fait de choisir, pour le vivarium, un endroit calme et stable, où il peut bénéficier d'une moyenne de 12 à 14 heures de luminosité par jour, favorisera le développement des insectes. Évitez toutefois de placer le vivarium en plein soleil.

← oviposteur

Grillon domestique femelle, environ 20 mm

De la chaleur, de l'eau et de la nourriture

La durée du cycle de vie du grillon domestique varie selon la température. S'il est soumis à une température inférieure à 15 °C ou supérieure à 35 °C, votre élevage dépérira rapidement! Pour un rendement optimal, il est recommandé de garder la température constante autour de 30 °C. Utilisez pour ce faire une ampoule de 40 W durant le jour et une plaque chauffante la nuit. Prenez régulièrement des mesures à l'aide d'un thermomètre afin d'ajuster les sources de chaleur et d'éviter les variations brusques de température.

Pour qu'ils puissent se développer, les grillons ne doivent jamais manquer d'eau. Dans le vivarium, déposez un récipient peu profond rempli de gravier ou de petites billes, et ajoutez-y de l'eau. De cette façon, les grillons pourront s'abreuver sans risquer la noyade. Vérifiez régulièrement, tous les jours au besoin, l'approvisionnement en eau de vos insectes.

Vivarium du grillon

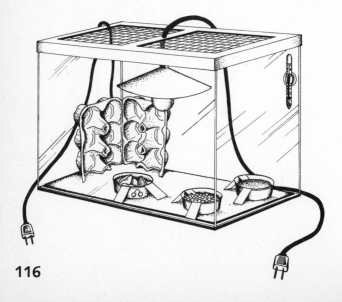

Les grillons sont omnivores et ont besoin d'une nourriture variée. En captivité, leur régime alimentaire se compose de céréales (flocons d'avoine, germe de blé) et de morceaux de fruits et de légumes frais. Il peut être complété par de la moulée pour volailles, à condition que celle-ci ne contienne pas de médicaments.

Les grillons consomment parfois leurs congénères. Divers facteurs peuvent causer ou favoriser ce comportement, bien qu'il soit courant chez cette espèce. La pénurie d'eau, le manque de nourriture et une trop forte densité de population comptent parmi les principaux éléments qu'il importe de surveiller de près. Ces trois facteurs, combinés ou non, peuvent provoquer le cannibalisme et le déclin de l'élevage.

Les abris et les pondoirs

Les grillons, qui ont surtout des activités nocturnes, ont tendance à se cacher dans les coins sombres afin de se protéger, de muer et de se reproduire. Des cartons à œufs déposés dans un coin du vivarium constituent d'excellents abris. Par mesure d'hygiène, il convient de les remplacer lorsqu'ils sont trop salis par les excréments.

Maintenant que vous avez assuré le gîte et le couvert des grillons, il vous reste à aménager des sites de ponte pour assurer leur reproduction. Un contenant de plastique d'une profondeur d'environ 5 cm constitue un excellent pondoir. Pour en faciliter l'accès aux insectes, fabriquez des passerelles de carton, telles qu'elles sont illustrées sur le schéma.

Remplissez le pondoir de sable fin ou de mousse de tourbe que vous aurez préalablement stérilisés pendant quelques minutes au four à micro-ondes. Cette précaution vise à éliminer les principales formes de contamination qui pourraient affecter les œufs.

Selon la taille du vivarium, déposez-y deux ou trois pondoirs au fond. Chaque grillon femelle peut pondre une centaine d'œufs en quelques jours. Assurez-vous de maintenir le substrat toujours humide afin d'éviter que les œufs ne se dessèchent. Après trois jours, retirez les pondoirs et placez-les dans un autre vivarium, toujours à une température se situant autour de 30 °C, pour la période d'incubation. Au cours de cette opération, n'oubliez pas que les grillons sont des insectes sauteurs, qui peuvent se loger sans invitation dans de multiples cachettes. Assurez-vous de toujours les contenir à l'intérieur du vivarium.

Une nouvelle génération!

Au bout de 10 à 13 jours, de minuscules grillons apparaissent. Ils sont semblables aux adultes mais n'ont pas encore d'ailes. À partir de l'éclosion des œufs, de 8 à 10 semaines sont nécessaires aux grillons pour parvenir à l'état adulte. Au cours de leur croissance, les jeunes grillons subissent plusieurs mues qui leur permettent d'atteindre le stade adulte, caractérisé par la présence d'ailes et d'organes reproducteurs fonctionnels.

Les conditions d'élevage sont identiques pour les jeunes grillons et pour les grillons adultes. Toutefois, il importe de séparer les petits des adultes afin d'éviter que ceux-ci ne les mangent. N'oubliez pas que le succès de l'élevage dépend en grande partie de vos observations et surtout de la constance de vos soins.

Dans des conditions adéquates, les grillons adultes vivent deux ou trois mois. Vous pouvez alors en prélever régulièrement pour les déguster, tout en conservant des mâles et des femelles comme reproducteurs pour assurer la pérennité de votre élevage. En plus, les grillons mâles vous offriront chaque jour la jolie mélodie de leur stridulation.

Ce petit air d'été fait plaisir à entendre, surtout au cœur de l'hiver!

L'ÉLEVAGE DU TÉNÉBRION MEUNIER

Le ténébrion meunier, ou *Tenebrio molitor,* est aussi un excellent candidat à l'élevage domestique. Il a l'avantage d'être tout à fait silencieux et se manipule encore plus facilement que le grillon. Contrairement à ce dernier, qui se consomme au stade adulte, le ténébrion se mange à l'état larvaire. À ce stade, on l'appelle communément «ver de farine». On peut se procurer ces larves blanchâtres, à la peau molle et dépourvu de poils, dans la plupart des animaleries. Il suffit d'une soixantaine de larves pour commencer un élevage.

Le vivarium

Procurez-vous au moins trois contenants munis de couvercles, de préférence en plastique. Comme les larves et les adultes n'ont pas tendance à s'échapper facilement, il n'est pas nécessaire que les parois du vivarium soient hautes. Un bac d'environ 40 cm x 30 cm x 15 cm fera très bien l'affaire, par exemple. Pour assurer une bonne aération et empêcher la condensation, on peut pratiquer une ouverture dans le couvercle et recouvrir celle-ci d'un morceau de moustiquaire ou de mousseline.

Nettoyez bien les contenants avant de les utiliser. Évitez de placer les vivariums en plein soleil. Choisissez plutôt un endroit sombre, sec et bien aéré. Comme nous l'avons signalé lorsqu'il a été question de l'élevage du grillon domestique, des accessoires permettant de chauffer les vivariums seront peut-être nécessaires. La température idéale pour assurer la croissance rapide et la reproduction des ténébrions se situe entre 25 et 30 °C. N'oubliez pas de vérifier fréquemment la température.

La préparation de la nourriture

En élevage, les ténébrions s'alimentent d'un mélange de céréales ainsi que de fruits et de légumes frais. Voici le mélange de produits céréaliers que nous recommandons et qu'il faut préparer en respectant les proportions indiquées:

- des grains d'avoine ou de blé (10 parties);
- des flocons d'avoine (gruau) ou de la farine de blé entier (10 parties);
- du germe de blé ou du lait en poudre (une partie);
- de la levure alimentaire (une partie).

On peut se procurer la levure alimentaire dans les magasins d'aliments naturels. Cet ingrédient est important, car il prévient les carences en protéines et en oligo-éléments chez les ténébrions.

Des morceaux de légumes (chou, carotte, pomme de terre, laitue, etc.) ou de fruits (pomme, de préférence) fourniront aux insectes l'eau qui est nécessaire à leur développement.

Dans un premier contenant, déposez une couche d'environ 2,5 cm d'épaisseur du mélange de céréales. Ajoutez ensuite les vers de farine ainsi que des morceaux de fruits et de légumes, en les déposant directement sur le mélange.

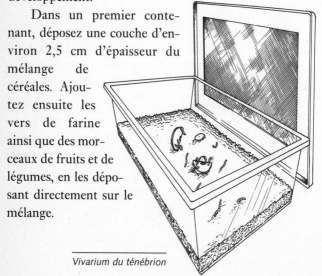

Vivarium du ténébrion

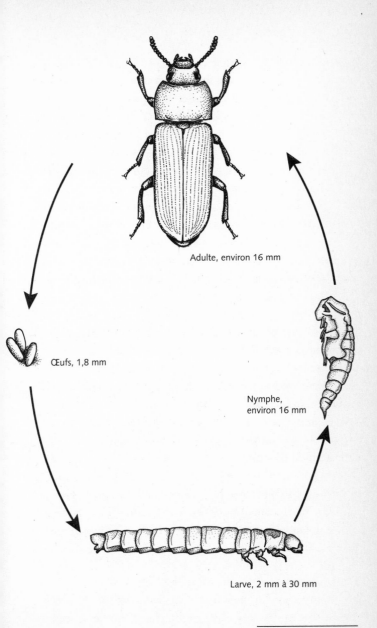

Adulte, environ 16 mm

Œufs, 1,8 mm

Nymphe,
environ 16 mm

Larve, 2 mm à 30 mm

Cycle vital du ténébrion

Métamorphose et reproduction

La larve du ténébrion meunier grandit jusqu'à environ 3 cm de longueur avant de passer au stade suivant, celui de la nymphe. Dès que les premières nymphes apparaissent dans le bac d'élevage, isolez-les dans un autre récipient afin d'éviter qu'elles ne soient dévorées par les larves. Les nymphes ne se nourrissent pas; il n'est donc pas nécessaire d'ajouter quoi que ce soit dans leur contenant.

Quand les adultes émergent, ils ont la forme de petits coléoptères blanchâtres qui se teintent ensuite jusqu'à devenir noirs. Les ténébrions adultes peuvent également manger les nymphes. Transférez donc les insectes adultes dans un troisième récipient, contenant lui aussi 2,5 cm du mélange de céréales ainsi que des tranches de fruits et de légumes frais.

Les mâles et les femelles du ténébrion meunier se ressemblent beaucoup. Ils s'accouplent de deux à cinq jours après leur émergence, c'est-à-dire à la suite de leur passage du stade nymphal au stade adulte. La femelle pond jusqu'à 40 œufs par jour dans le mélange de céréales. Les œufs mettent en moyenne 12 jours pour éclore. Les larves muent plusieurs fois, sur une période de 4 à 8 mois, jusqu'à ce qu'elles atteignent une longueur variant entre 25 et 30 mm. Le stade suivant, celui de la nymphe, ne dure que 12 jours environ. La nymphe se métamorphose alors en adulte, et ce dernier ne vivra généralement pas plus de deux mois. En somme, à des températures variant entre 18 et 25 °C, cet insecte met de 6 à 10 mois pour compléter son cycle de vie.

Pour assurer le succès de votre élevage

Remplacez les morceaux de fruits ou de légumes lorsqu'ils sont desséchés; après tout, c'est là que les insectes s'approvisionnent en eau! Changez aussi le mélange lorsqu'il a un aspect sablonneux. Il faut alors enlever les insectes un à un ou les séparer du mélange à l'aide d'un tamis.

Enlevez régulièrement les insectes morts et profitez-en pour brasser les céréales afin d'incorporer les mues des larves au reste du mélange, permettant ainsi qu'elles soient mangées par les insectes. Gardez le mélange le plus sec possible afin d'éviter l'apparition d'organismes indésirables, comme les moisissures. Pour réduire les pertes dues à la contamination ou à tout autre problème, répartissez les insectes par petits groupes, dans plusieurs contenants.

Ne mangez que les larves issues des œufs pondus dans votre vivarium. Assurez-vous aussi de conserver plusieurs larves dans l'élevage lors de chaque récolte, sinon il vous faudra recommencer à partir du début!

LA PRÉPARATION DES INSECTES AVANT LA CUISSON

Vous voilà maintenant prêt à concocter les délicieuses recettes du chef. Enfin presque! À moins de suivre l'exemple des entomophages qui prônent la consommation d'insectes vivants, vous aimeriez peut-être connaître quelques trucs pour vous aider à les préparer...

Certains n'hésitent pas à comparer la cuisson des insectes à celle du homard: il faudrait les cuire vivants ou fraîchement décongelés. Dans le cas des larves de ténébrions, la première option est plus simple à réaliser que dans le cas des grillons, toujours prêts à bondir pour échapper à la poêle! Un séjour de quelques heures au réfrigérateur suffit à ralentir les ardeurs de toutes les espèces d'insectes.

Mais si, comme plusieurs, vous tenez à vous assurer que vos ingrédients à six pattes sont bien morts avant de les cuire, congelez-les. Placez les insectes vivants au congélateur et laissez-les dans ces conditions pendant au moins 48 heures. Il est possible de les garder congelés durant plu-

sieurs mois s'ils sont emballés dans des sacs ou des contenants hermétiques.

Conservez toujours les insectes au congélateur
jusqu'au moment de la cuisson. Tout comme la viande lais-
sée sur le comptoir, ces aliments se détériorent rapidement.
En utilisant une passoire, rincez-les à l'eau courante avant
de commencer à les apprêter. Profitez-en pour les trier:
rejetez les insectes dont la couleur est inhabituelle ou dont
l'odeur est suspecte. Ne mangez jamais les insectes dont la
qualité vous semble douteuse.

Et maintenant, il est temps de passer à vos fourneaux!

L'ENTOMOPHAGIE: FAIRE D'UNE CURIOSITÉ UNE PRATIQUE COURANTE

Dans toutes nos grandes villes, on note une ouverture d'esprit croissante face à la cuisine traditionnelle des diverses ethnies qui s'établissent chez nous. Restaurants afghans, mongols, russes, thaïlandais ou berbères font maintenant partie du décor gastronomique, et ce pour le plus grand plaisir des gourmets. Mais qui connaissait les petits restaurants de sushis au Québec il y a dix ans? Manger du poisson cru, quelle idée! Aujourd'hui, dans les métropoles, ces spécialités japonaises font déjà partie des modes jugées dépassées; seuls les amateurs persistent.

Qui sait ce que l'avenir réserve aux spécialités culinaires à base d'insectes? Un approvisionnement efficace, des recettes savoureuses et quelques amateurs appartenant au jet-set pourraient changer l'opinion publique aussi efficacement qu'ils l'ont fait pour le poisson cru. Même si l'entomophagie ne risque pas de devenir à la mode dans un avenir rapproché, elle gagne sans cesse de nouveaux adeptes à travers le monde.

Le simple fait que vous lisiez ce livre démontre qu'une curiosité pour le sujet existe bel et bien. Depuis quelques années, les médias prennent davantage au sérieux l'entomophagie qu'ils ne le faisaient auparavant. Les convives des dégustations de Croque-insectes passent de moins en moins pour des hurluberlus! L'étonnement et le dégoût cèdent le pas à une plus grande réceptivité de la population à l'égard de cette pratique.

Les dégustations d'insectes et les conférences portant sur l'entomophagie figurent maintenant au programme de congrès et de colloques très sérieux, comme le Symposium international sur la biodiversité en agriculture, tenu à Beijing en 1995, ou le premier Symposium d'ethnobiologie et d'ethnoécologie, qui avait lieu au Brésil en 1996. Au Canada et aux États-Unis, quelques professeurs traitent même du sujet, dégustations à l'appui, dans le cadre de cours de sciences naturelles ou d'entomologie qui sont donnés à tous les niveaux d'enseignement.

L'éducation est certainement la clé permettant à la population en général d'adopter un point de vue éclairé sur l'entomophagie. Les dégustations organisées par divers établissements offrent enfin la possibilité de passer à l'action et de goûter aux insectes. Ainsi, lentement mais sûrement, la tolérance à l'égard de l'entomophagie et l'intérêt pour cette pratique prennent de l'ampleur, et ce à travers le monde.

Dans le but de rassembler les renseignements disponibles sur la consommation d'insectes et d'informer les personnes intéressées par le sujet, l'entomologiste américain Gene DeFoliart a créé un bulletin nommé *Food Insects Newsletter*, en 1988. La liste des abonnés comportait déjà, en 1995, plus de 2 500 personnes et la publication comptait des lecteurs dans 86 pays et dans chacun des États américains. Grâce à ses collaborateurs réguliers et à ses correspondants internationaux, ce petit bulletin est une mine de renseignements instructifs, étonnants et parfois assez rigolos. Il a d'ailleurs été une source importante pour la rédaction du présent ouvrage. Vous trouverez l'adresse de cette publication, modeste mais incontournable pour les amateurs d'entomophagie, dans la liste des adresses utiles (page 133).

Les insectes sauvages comestibles occupent déjà aujourd'hui une place importante dans l'économie rurale de plusieurs pays tropicaux et subtropicaux. S'il prenait plus d'ampleur, ce phénomène pourrait contribuer à améliorer l'alimentation des milliers de personnes sous-alimentées de la planète. Pour ce faire, il faut encourager le développement de la recherche, en particulier celle sur les méthodes d'élevage et de capture des insectes, et accroître l'échange international d'informations sur les insectes comestibles.

Nombre d'observateurs entrevoient la possibilité que la consommation d'insectes prenne de plus en plus d'ampleur. Cette éventualité nous ramène à des principes écologiques de base. Il faudrait, par exemple éviter le piège des récoltes abusives, susceptibles de mettre en péril l'équilibre des milieux. La protection des habitats, tant terrestres qu'aquatiques, doit également figurer parmi les priorités. Au Mexique, la pollution urbaine affecte déjà les lacs où sont traditionnellement récoltés les insectes aquatiques comestibles. La disparition de vastes secteurs des forêts tropicales amène aussi très certainement la disparition d'insectes dont la valeur nutritive demeure inconnue. Qui sait quel délice nous pourrions découvrir à travers les mystères de la jungle...

L'éducation du public, l'ouverture d'esprit et la recherche aidant, l'entomophagie continuera de gagner du terrain, pour le plus grand bien de l'espèce humaine... et pour le plaisir des gourmets de tous les pays!

BIBLIOGRAPHIE

Comby, B. *Délicieux insectes: les protéines du futur,* Genève, Éditions Jouvence, 1990, 156 p.

DeFoliart, G. R. «The human use of insects as food and as animal feed», Bull. Entomol. Soc. Am., 1989, 35: 22-35.

Kok, R. *The Production of Insects for Human Food,* Can. Inst. Food Sci. Technol. J., 1983, vol. 16, n° 1, p. 5-18.

Madsen, D. B. *A Grasshopper in Every Pot.* Natural History, 1989, vol. 7, p. 22-24.

Marques, J. G. W. et E. M. Costa-Neto. «Insects as folk medicines in the state of Alagos, Brazil», VIII International conference on traditional and folkloric medecine. Memorial University, St. John's, Canada, 1994.

AUTRES RÉFÉRENCES

Bodenheimer, F. S., *Insects as Human Food*, The Hague: W. JunK, 1952, 352 p.

Brandon, H., «Un amuse-gueule qui se tortille», *Biosphère*, 1987, vol. 3, n° 2, p. 12-16.

DeFoliart, G. R., Éd., *The Food Insects Newsletter*, 1988-1994, p. 1-3.

DeFoliart, G. R., *Insects as human food*, Crop protection, 1992, vol. 11, p. 395-399.

Dunkel, F. V., *The Food Insects Newsletter*, 1995, p. 1-3.

Hocking B. et F. Matsumura, *Bee brood as food*, Bee World, 1960, vol. 41, p. 113-120.

Malaisse, F. et G. Parent, *Les chenilles comestibles du Shaba méridional (Zaire)*, Naturalistes Belges, 1980, vol. 61, p. 2-24.

Meyer-Rochow, V. B., «Edible insects in three different ethnic groups of Papua and New Guinea», Am. J. Clin. Nutr., 1973, vol. 26, p. 673-677.

Pemberton, W. R., *The use of the Thai Giant Waterbug, Lethocerus indicus (Hemiptera: Belostomatidae), as human food in California*, Pan-Pacific entomologist, 1988, vol. 64, n° 1, p. 81-82.

Taylor, R. L., *Butterflies in my stomach. Or: Insects in Human Nutrition*, Santa Barbara, Woodbridge Press Publishing Co., 1975, CA. 224 p.

Des insectes à croquer

Taylor, R. L. et B. J. Carter, *Entertaining with Insects or The Original Guide To Insect Cookery*, Salutek Publishing Company, 1992, USA, 160 p.

Vane-Wright, R. I., *Why not eat insects?*, Bull. Entomol. Res., 1991, vol. 81, p. 1-4.

Wash, J., *Return of the locust: a cloud over Africa*, Science, 1986, vol. 234, p. 17-19.

ADRESSES UTILES

Pour obtenir des renseignements à caractère ento-mologique ou pour prendre connaissance de la programmation annuelle de l'Insectarium et des autres services offerts:

Insectarium de Montréal
4581, rue Sherbrooke Est
Montréal (Québec)
Canada H1X 2B2
Téléphone: (514) 872-1400
Télécopieur: (514) 872-0662

Pour vous procurer les publications suivantes:

Entertaining with Insects or The Original Guide To Insect Cookery.

Salutek Publishing Company
5375 Crescent Drive
Yorba Linda, CA 92887
Télécopieur: (714) 692-7499
Coût: environ 15 $ US

Des insectes à croquer

Guide concernant les bonnes pratiques lors de dégustations et de démonstrations culinaires dans les expositions ou dans les établissements de vente d'aliments au détail.

Ministère de l'Agriculture, des Pêcheries et de
l'Alimentation du Québec (MAPAQ)
Partout au Québec: 1 800 463-6210
Pour la Communauté urbaine
de Montréal: (514) 280-4300
Gratuit

The Food Insects Newsletter

Department of Entomology
324 Leon Johnson Hall
Montana State University
Bozeman, MT 59717-0302
Abonnement annuel (5 $ US) 3 numéros

INTERNET:

http://www.biologie.uni-halle.de/Zoology/eatins.html
http://www.uky.edu/Agriculture/Entomology/ythfacts/entyouth.htm
http://www.echonyc.com/~gecko/herps/misc/mealworms.html
http://www.ent.iastate.edu/Misc/InsectsAsFood.html

LISTE DES RECETTES

LARVES DE TÉNÉBRIONS

Acras de larves de ténébrions 55

Balluchons de larves de ténébrions 56

Boudin de larves de ténébrions 57

Chop suey aux larves de ténébrions 58

Pâtes aux larves de ténébrions 59

Pizza aux larves de ténébrions 60

Terrine de larves de ténébrions aux légumes 61

Biscuits aux larves de ténébrions et aux épices 62

GRILLONS

Champignons farcis aux grillons 66

Grillons à l'orientale 67

Grillons du Parlement 68

Grillons en cachette 69

Samosas aux grillons 70

Sauce à spaghetti aux grillons 71

Sushi de grillons 72

Grillons au chocolat 73

Quatre-quarts aux épices et aux grillons 74

CRIQUETS
Bisque de criquets 75
Bouchées de pattes de criquets et de phasmes 76
Criquets à la mexicaine 78

ABEILLES
Trempette de couvain d'abeilles 88
Choux à la crème de couvain d'abeilles 89
Tartelettes au couvain d'abeilles 90
Carrés au riz et aux faux-bourdons 91

VERS À SOIE
«Zanadandy miendy» ou chrysalides
de vers à soie sautées 98

PHASMES
Bouchées de phasmes et d'endives 100
Phasmes en bretzel 101
Salade tiède aux phasmes 102

TABLE DES MATIÈRES

Extrait du carnet de voyage de Georges Brossard 9

Les dégustations d'insectes:
une nouvelle forme de gastronomie 11

Pour une cuisine engagée 13

Introduction. 15

Pourquoi manger des insectes? 17

Les insectes: alimentation et médecine 39

Les insectes dans votre assiette. 49

Des insectes prêts-à-manger 103

L'élevage et la préparation des insectes comestibles. . . 113

L'entomophagie: faire d'une curiosité
une pratique courante. 125

Bibliographie 129

Autres références 131

Adresses utiles 133

Liste des recettes 135

imprimerie gagné ltée

IMPRIMÉ AU CANADA